# 规限与自由

## ——基础教育课程改革中的体育教师课程权力

庄 斌 著

北京体育大学出版社

策划编辑　佟　晖
责任编辑　佟　晖
责任校对　韩培付
版式设计　李沙沙

图书在版编目（CIP）数据

规限与自由——基础教育课程改革中的体育教师课程权力/庄斌著．--北京：北京体育大学出版社，2021.4
ISBN 978-7-5644-3384-0

Ⅰ.①规…　Ⅱ.①庄…　Ⅲ.①体育课-课程改革-研究-中小学　Ⅳ.①G633.962

中国版本图书馆 CIP 数据核字（2020）第 195140 号

规限与自由——基础教育课程改革中的体育教师课程权力　　庄斌　著

出版发行：北京体育大学出版社
地　　址：北京市海淀区农大南路 1 号院 2 号楼 2 层办公 B-212
邮　　编：100084
网　　址：http：//cbs.bsu.edu.cn
发 行 部：010-62989320
邮 购 部：北京体育大学出版社读者服务部 010-62989432
印　　刷：北京虎彩文化传播有限公司
开　　本：710mm×1000mm　1/16
成品尺寸：240mm×170mm
印　　张：7.75
字　　数：129 千字
版　　次：2021 年 4 月第 1 版
印　　次：2021 年 4 月第 1 次印刷
定　　价：50.00 元

# 摘 要

世纪之交的第八次基础教育课程改革将我国的体育与健康课程改革推向新的进程。纵观全球，从“防教师”到“赋权予教师”，从“教师作为变革的代理”到“教师作为研究者”，在课程由低层次向高层次变革的过程中，基层教师在课程改革中的权责越来越受到重视，改变教师在课程改革过程中被动参与和机械执行的局面，赋予他们更多的课程权力并保障其良好运行，将直接影响课程改革的实际效果。

本研究依照“问题提出—概念界定—结构解析—历史回溯—现状探析—问题解决”的逻辑主线，以系统论、现代权力理论以及权力制约理论作为理论基础，以“结构主义—文化主义”作为研究范式，运用文献综述法、问卷调查法、访谈法、数理统计法等研究方法，在对中小学体育教师课程权力的历史考察以及现状分析的基础上得出以下结论。

（1）“赋权予教师”成为全球课程改革范围内的大势所趋，体育与健康课程改革终将落脚于教师和学生身上，赋予基层教师应有的课程权力并保障其合理运行，将直接影响体育与健康课程改革的进程和效果。

（2）中华人民共和国成立以来，我国中小学体育教师应有的课程权力是伴随着基础教育改革和体育与健康课程标准（教学大纲）的修订而发展起来的。从中央集中管理到地方分权再到国家、地方和学校三级课程管理模式的历史发展表明，自上而下的集中管理式赋权模式不利于课程改革的推进，自下而上“增能要权”的权力共有模式将成为体育教师课程权力的发展必然。

（3）通过对中小学体育教师课程权力的现状调查发现，当前中小学体育教师在课程权力认知以及课程权力实施方面表现良好，而在课程决策参与、课程创生、课程开发以及课程评价等方面的权力不尽如人意。究其原因，体育教师的课程意识淡薄、以专业能力为代表的体育教师课程能力不高、学校在体育教师课程权力发展方面的支持力度不够，以及体育教师自我效能感的低下都是其影响因素，而宏观层面的教师课程权力体制改进、学校课程制度建设、体育教师职业地位的提升等都对体育教师的课程权力行使起到了积极作用。

（4）中小学体育教师课程权力的有效运行直接关系到学生的全面发展、教师的自我实现和职业认同，以及体育与健康课程的科学发展。

（5）国家、地方课程权力的有效下放、权力制衡下的制度保障，以及以专业能力为基础的体育教师课程能力和课程自主意识的提升，都是解决当前中小学体育教师课程权力不足与缺失以及课程权力失衡与放弃等问题的有效路径。

CONTENTS 目录

# 1 概 论

## 1.1 问题的提出

从19世纪中期英国教育改革的领导人，著名的实证主义哲学家、教育家赫伯特·斯宾塞（Herbert Spencer）提出“什么知识最有价值？——科学知识最有价值”“最有价值的知识——合理的课程”到阿普尔提出“谁的知识最有价值”的时代追问，人们逐渐认识到传统知识观过分强调了课程知识的客观性、既成性，而忽视了课程中的意识形态问题，这直接引发了研究者对课程研究范式的转变，在某种意义上人们关注课程决策者的程度甚至超过了关注课程本身。正因如此，课程权力问题开始凸显并引起研究者的关注。

教师作为重要的社会成员，在国家、地方和学校三级教育体系框架中发挥着重要的作用。国家课程改革最终必然落实到以教师为代表的个人身上。体育与健康课程改革的施行，带来了新的课程理念，使体育与健康课程的发展具有了时代意义，但却未能从根本上改变基层体育教师仍然游离于课程改革核心之外的局面，从国家课程的设计参与、课程决策到课程实施过程以及课程反思和评价的整个过程，体育教师的被动参与者和机械执行者的身份并没有彻底改变，体育教师的课程权力还是停留在教育政策的提倡和呼吁层面，何谈国家、地方和学校三级课程管理模式下的校本课程开发。发达国家课程改革的历史经验和现实参照提醒我们，如果没有基层体育教师真正参与的课程改革就很难达到改革的预期效果，体育教师课程权力的研究具有理所当然的理论和实践意义，赋予教师一定的课程权力是我国新一轮课程改革和教师专业发展的现实要求。

因此，在当前体育与健康课程改革的大背景下，本研究从“应然”和“实然”的角度来分析基层体育教师是否应该被赋予更多的课程权力，这些课程权力能否被体育教师有效运用、如何保障体育教师的课程权力以及体育教师应该在怎样的现实层面进行科学用权等问题。

## 1.2 研究依据

### 1.2.1 教师课程权力是教育民主化进程的重要命题

教师课程权力是教师权益在整个教育民主化进程中的体现，是现阶段我国教育改革的重要内容，更是新一轮课程改革的核心理念之一。教师对于课程运行的整个过程起到重要的作用，课程运行离不开教师的参与；而课程的运行又是教育运行的核心部分，要保证教师作用的体现，必须对基层教师的课程权力给予保障。在全球教育改革的时代背景下，深刻认识教师获得并科学运行课程权力的意义所在，赋予教师应有的课程权力并保障施行，形成一定的引领和制约机制以促使教师课程权力的实现，使课程改革更加深入人心，进而提升教育质量和促进教师自身的专业发展，已经成为我们必须深入探究的教育命题。

### 1.2.2 教师课程权力是国家教育改革的重要内容

赋予教师应有的课程权力是现代教育改革的必然选择，基层教师教育实践的智慧和职业伦理的形成离不开课程权力的获得和运用，同时，提高教师的自我效能感以及实现课程的创生，能够有力地促进教师和学生的共同发展，最终达到充分展现基层教师作为课程的领导者、试验者、研制者以及评价者角色的目的。《国家中长期教育改革和发展规划纲要（2010—2020年）》明确指出，把提高质量作为教育改革的核心内容。教育改革的历史经验表明，课程改革最终必将落实到相关个体身上，教师不仅是教育改革领域中的参与者和实践者，还是具体的实施者和研究者，如何践行教育改革的理念和落实教育改革政策，在获得课程权力的同时合理地用权，势必成为教育改革过程中不可忽视的问题。

在新一轮课程改革背景下，青少年体质健康状况不容乐观，学校体育的发展存在问题，因此如何提高学校体育质量、完善体育课程教学改革成为学校体育改革工作的重中之重。

为贯彻党的十八大关于全面深化改革的部署，2013年11月中国共产党第十八届三中全会通过了《中共中央关于全面深化改革若干重大问题的决定》，对教育领域的深化改革作了重要部署。在这个决定中关于学校体育内容的二十几个字，“强化体育课和课外锻炼，促进青少年身心健康、体魄强健”，强调了学校体育工作的重点，为广大体育工作者指明了方向。从2001年6月教育部颁布的《基础教育课程改革纲要（试行）》到2002年8月教育部颁布了新的《全国普通高等学校体育课程教学指导纲要》，标志着我国从基础教育阶段到高等教育阶段的课程改革正逐步完善并全面展开。

### 1.2.3 教师课程权力是学校体育发展的组成部分

作为学校体育工作者，广大体育教师有责任贯彻三中全会精神，应该从强化体育课和课外体育锻炼方面入手承担起提高学生体质健康水平的重任。我国的素质教育改革是一个长期的过程，青少年体质健康是建设现代化国家和人力资源强国的基础，学生体质健康水平是建设现代化国家和人力资源强国的基石。在日益复杂、严峻的国际竞争和国际形势背景下，学校体育工作者应该在增强学生体质、促进其全面发展方面成为素质教育改革的基础和保障。

“赋权予教师”有利于激发基层教师的教学积极性和责任感，也有助于学校体育课程的优化发展，同时还有助于教师的专业化发展。一线体育教师是课程教学改革的践行者，如何通过体育教师的课程教学，将体育课程改革的理念落到实处，使学生通过体育课的学习获得运动锻炼的科学知识和专业技能，养成终身体育锻炼的良好习惯，真正达到身心健康、体魄强健是学校体育改革工作的主线。

### 1.2.4 教师课程权力是新课程改革和教师专业发展的具体要求和动力

世纪之交的这场声势浩大的课程改革运动，从哲学角度重新审视了教育的价值、课程的价值以及教师与课程之间的关系，确立了新的教育观、课程观以及教师观，是一场全新的彻底的课程改革，不仅唤醒了“带着脚镣跳舞的舞者”，还对整个教育界在思想和行动上进行了双重的洗礼。

正如泰勒和理查兹在《课程研究导论》中所言：“参与课程编制活动的人员和机构包括个人、团体、全国性协会和国际组织等，没有哪一个国家是由某一个机构或个人来进行课程编制的。”①

---

① 菲利浦·泰勒，科林·理查兹．课程研究导论［M］．王伟廉，高佩，译．北京：春秋出版社，1989：42.

新一轮课程改革不只是简单更换教材的改革形式，而是课程本身以及教育思想和理念的根本性变革，是社会进步和教育发展背景下的适应性变革。在学生学习形式上提倡自主、合作和探究，强调以人为本的改革理念。新课改的主要内容包括六个方面：一是转变课程目标，主要通过改变注重知识传授的传统教学倾向，强调学生学习态度的积极主动性，注重“三维”目标的形成（包括过程与方法、知识与技能以及情感态度与价值观），通过形成正确价值观的过程贯穿于获得基础知识和基本技能的过程的方式改变传统课程的功能；二是调整课程结构，改变传统课程结构过于强调学科门类的增加以及缺乏整合的不利局面，强调在一个合理、均衡的水平上完善不同功能和价值学科的课程结构，要注重体现课程的选择性、综合性和均衡性，要重视以艺术、技术、体育与健康以及综合实践活动类为代表的，符合学生全面健康、身心发展规律和人才素质培养要求的课程；三是调整课程内容，注重新课程中“活”的知识，主要表现为注重课程内容，以及学生生活要与社会和科学的发展相联系，去除“繁、难、偏、旧”的传统课程内容，学生的学习经验和学习兴趣应该予以重视并改变过度注重知识传授的局面，应注重选择有利于学生终身学习的基础知识和技能；四是学生学习方式的改变，注重在课程教学过程中激发学生的学习兴趣，变学生“要我学”为“我要学”，摒弃传统死记硬背、强迫学习以及机械训练的教学形式，倡导培养学生在学校学习过程中能够主动带着问题搜集信息并解决问题的能力，让学生能够积极主动地参与学习并能够自己去探究问题，学会通过交流合作解决问题；五是注重课程评价方面的完善，应充分发挥利用评价完善教学、促进学生发展以及提高教师教学水平等方面的作用，改变传统课程功能在强调选拔和甄别方面的偏激，使考试制度以及课程评价制度能够真正与素质教育相一致；六是改变课程管理的方式，实行国家、地方和学校三级课程管理制度，彻底改变原有统一教材以及国家课程“一纲一本”的“大一统”局面，在注重调动地方和学校积极性的前提下，施行差异性和多元化的课程政策，以“一纲多本”“多纲多本”的形式实现地方、学校以及学生对课程改革的适应。上述六个方面的课改内容都离不开基层教师的广泛参与，换言之，只有教师真正参与到课程中才能更好地完成教育职责，为国家和社会培养更多的人才。由此可见，基层教师获得相应的课程权力是新一轮课程改革的内在要求。

新课程观认为课程不仅是知识，同时也是经验，是活动；课程贯穿于教师教学以及学生学习的整个过程，学生在自我建构的过程中获取知识，课程也不再是简单的知识载体。新课程观认为课程的实施过程就是课程内部各要素的整合过程，这里的课程要素包括教材、教师、学生、环境四个方面。在教育教学活动中，教师与学生被看作“学习共同体”，共同参与到课程资源的开发和整合过程中，课程建设表现为在课堂上每位学生依据知识背景以及实践经验的个体差异而与大家交流自己的个体感受。学生从同学身上、教师身上学到的东西远比在教材中学到的多。因此，教师在新课程改革的背景下，应转变传统课程理念，摒弃旧的教材、教学大纲意识，树立生态系统论的新课程理念，即课程是由包括教材、教师与学生、教学环境与教学情景等要素构成的一种生态系统。我国新一轮的基础教育课程改革解决了传统国家课程管理模式过于集中的弊端，提出国家、地方、学校三级课程管理模式，为基层教师获得与实施课程权力提供了契机。作为体育课程改革过程中不可或缺的力量，体育教师具有参与课程改革的外部条件和内在诉求。

### 1.2.5 体育教师课程权力是协调教师、学生、课程发展的有力抓手

20 世纪 70 年代以来，课程政策的研究更多地转向课程研究的视角，而在众多课程政策研究流派中，又出现了新的关注点，即对由谁来做出课程决策的关注常常超过了对教学内容的关注，在这一研究焦点里，课程与权力的关系成为重要的研究领域。

20 世纪 80 年代以来，世界教育改革的潮流表现为“赋权增能”的形式。教师课程权力是教育法律法规和国家课程政策赋予的教师参与课程时间活动的权力，以及践行权力的能力，包括学校课程决策权、课程开发权、课程实施权、课程创生权和课程评价权等，其目的在于提高教师的课程专业自主地位，进而提升教育教学质量，促进学生身心全面发展。广大体育教师应在相应政策的支持下，不断践行并丰富体育课程权力，使学校体育真正从基层扎根，在一线繁荣，通过课程权力的获得和使用，更多地参与到体育课程的研究和开发中来，不断改进体育课程教学，使学生真正从内心喜欢体育和喜欢体育课。但在教育实践过程中，体育教师课程权力的实现也面临着诸多阻碍的因素，包括体育教师课程意识淡薄、课程能力不足以及国家授权困境等，如何改变这种障碍，从根本上提升体育教师的课程权力，使体育课程改革真正落到实处，是本研究的主要切入点。

## 1.3 研究目的

本研究依照“问题提出—历史回溯—现状探析—问题解决”的逻辑主线展开相关研究。第一，提出在学校体育改革发展的关键阶段，教师课程权力研究的意义和价值，在总结国内外相关研究成果的基础上，发现有待解决的问题以及可供借鉴的经验；第二，在阐明体育教师课程权力基本概念的基础上，厘清其本质与特点、来源与构成，并探讨不同课程权力构成的关系；第三，依据现代课程改革以及学校体育改革的理念和发展趋势，探讨体育教师课程权力的价值诉求，并分析赋予体育教师课程权力的应然性原因；第四，通过调查问卷、实地调研、访谈等方式，了解当前我国体育教师课程权力的享有和运行情况，分析原因，为后期的问题解决提供实证依据；第五，在调查研究的基础上，结合课程权力的理论基础，提出解决问题的策略。

## 1.4 理论基础

### 1.4.1 系统论的理论基础

系统论为体育教师课程权力研究提供了整体思想和科学的分析方法，依据这些观点和思想，我们可以把体育教师课程权力的赋权和用权视为一个系统。

何谓系统？小至微观的分子、原子，大到宏观的宇宙万物。一门课程、一台机器、一名教师，都可以视之为系统。其英文单词为“system”，解释为“Group of things or parts working together in a regular relation”（同类事物按一定关系相互作用的整体）。

路德维希·冯·贝塔朗菲（L. V. Bertalanffy）是系统论的创始人，他将系统定义为“相互作用的诸要素的复合体”。一般认为，系统是具有有机联系的组成部分相互结合起来的能够完成特定功能的整体。这说明，一个系统至少由两个或两个以上的部分构成。构成系统必不可少的部分称为要素，构成系统的各要素之间存在着一定的联系，形成结构，结构间相互依存、相互制约。系统是分层次的，有子系统、大系统、特大系统等。系统的大小是相对的，大系统相对于高一层次的更大系统而言也成为小系统，而子系统则由更小的系统构成。系统要素的确定或系统层次的划分，将视观察者和研究者的需要而定。

依据系统论的理论基础，在对体育教师课程权力进行研究的过程中可以将其看作一个系统，在考虑系统要素包括权力主体、权力内容、权力运作等互相联系和制约的前提下进行教师课程权力的运作研究。

### 1.4.2 现代权力理论——“法权模式”“经济模式”和“知识/权力模式”

“法权模式”“经济模式”和“知识/权力模式”被认定为现代权力理论的三种主要模式，其中“法权模式”是将权力视为法律凭借某种来自普遍社会契约的“主权合法性”而行使明令、禁止、惩戒甚至是生杀的压制性权力。该模式认为，权力得以运作的基础就在于这种为社会全体成员普遍接受的社会契约。“经济模式”是将权力视为统治阶层实现其经济利益的一种工具，并将复杂的权力运作问题还原为以经济利益为基础的经济学问题。“知识/权力模式”是将权力视为某种以知识为基础、在场又不在场、可见又不可见、无所不至又无孔不入的东西，其认为，权力问题的核心不是谁拥有权力，而是权力运作的场所、方式和技术问题，该模式认为权力在本质上不是压迫性的，而是生产性的，它借助于一系列权力技术和对身体、灵魂的塑造，致力于生产、培育和规范各种力量。其中“法权模式”和“经济模式”可以为本研究发现体育教师课程权力系统的结构和制度化背景，以及为我们研究教师课程权力提供理论逻辑起点，而“知识/权力模式”可以帮助我们揭示体育教师课程权力运作的深层结构和内在机制以及实效性基础。

#### 1.4.2.1 权力现象的形成基础：利益关系与力量对比

从根本上来看，权力形成的基础在于人对于个体需要的利益追求。人有多种层次的需要，其中自我实现是人的最高层次的需要，而权力欲和荣誉欲是自我实现的最高形式。利益的实现和维护不是一个自发的、自动化的过程，各利益主体需要尽可能地调动有效资源并凝聚为实际力量，以此为凭借开展利益的谋求活动，权力就是一种以利益为基础的对资源的使用。体育教师课程参与中的利益关系包括纵横两个方向的联系。纵向方面，主要包括教师个体利益与教师群体利益之间、教师个体与社会利益之间等利益联系；横向方面，包括教师与教师之间、教师与学生之间的利益联系等。另外，在力量对比方面同样存在着纵向和横向的区别。体育教师与其他个体、组织之间的利益差异和力量对比的不均衡，使得课程实施必须诉诸规范和权力。因此体育教师的课程权力形成是以各主体的利益为基础，以各利益主体之间的利益关系为条件，并以利益主体在力量对比关系上的非均衡性为必要前提的。

1.4.2.2 宏观权力的强势干预：规限与制约

布迪厄在场域理论的研究中指出，社会空间实际上是具有若干权力关系的空间，整个社会世界可以解读为受到权力场直接或间接控制的各种社会形态的总和。作为教育活动的一部分，教师课程实施也不可避免地受到元场域——权力场与政治经济场的规限与制约，其中就包括教师的课程权力分配和运行的问题。

首先，政治权力的运作方式决定着教师课程权力系统的运作机制。这表现在，从形式上看，我国实行国家、地方和学校三级课程管理体制，地方和学校拥有课程决策和管理方面的自主权和自决权，同时赋予地方和学校相对独立的课程开发权力，这是国家课程权力系统在运作机制上的深刻变革以及课程权力在宏观层面上的重新分配。其次，政治意识形态影响和制约着教师课程权力的价值系统。再次，政治权力体系决定和影响着教师课程权力的要素系统。正如哈钦斯（Hutchins）所言，“任何一种教育制度都无法摆脱其所处的政治环境而存在，教育制度必须反映政治社会的要求”。[①] 这表现在，政治权力体系制约着课程改革以及课程实施的目标，同时也制约着教师行使的课程权力，通过这种制约，塑造教师的价值取向和行为方式。最后，政治文化决定和影响着教师课程权力的社会化功能。这主要表现在，国家政权控制教师课程运行的基本政治方向、思想政治教育和政治社会化进程。

1.4.2.3 微观权力的自然衍生：微分与扩散

一般来说，国家宏观的权力干预最终会以微分的多元微观权力的形式存在，在课堂场域中的微观权力包括四种类型：知识权力、理性权力、话语权力与学科规训权力。

人们普遍认为，知识具有客观真理性，同时也具有权力性。正如尼采所言，知识是权力的工具，权力意志是追求知识解释的原动力，因此知识随着权力的增长而增长。[②] 米歇尔·福柯也曾强调：“权力和知识正好是互相蕴涵的；如果没有相关联的知识领域的建立，就没有权力关系，而任何知识都同时预设和构成了权

① R. M. Hutchins. *The Learning Society* [M]. New York: Praeger Publishers Inc, 1968: 5.

② 刘郦. 从权利/知识观点看当代西方哲学的一种知识观 [J]. 河南社会科学, 1998 (4): 72.

力关系。"[1] 在他看来，知识是“权力的眼睛”。这为体育教师的“赋权增能”提供了理论参照，教师课程权力的获得和行使依赖于教师专业化的发展以及专业知识的增强，而“增能”的结果就是为教师争取更多的课程权力。

哈马贝斯和福柯将我们这个时代最重要的两个问题归结为绝对理性和滥用权力。然而，理性却摆脱不了权力的干系，而且理性与非理性实际上就是一种权力关系。按照福柯的观点，理性霸权主要通过几个途径得以确立：否定与分类、监视与惩戒、审查与禁忌。[2] 在体育教师行使课程权力的过程中应该避免过分强化人的“工具理性”和实践中的“技术理性”，完整的课程权力运行应该是理性和非理性的统一，否则会带来内部构成和人性结构在课程实施过程中的严重失衡。

在课程实施过程中，权力的多种运作方式体现最明显、最难以识别的就是话语，话语产生于权力并依附于权力。话语权力不仅仅是来源于“给事物标定秩序”的语言符号本身的作用，更是源于说话者与听众本身在话语实践中表现出来的在社会权力结构中所处的社会位置。从宏观上看，各个权力主体是来自各自阶层、群体中的一分子，他们在课程场域中的表现不仅仅是一个单纯的个体，因此，这些个体话语权实际上是从社会权力结构中派生出来的权力表达。在此基础上看待教师课程权力中的话语权应依照教师在不同课程场合、面对不同话语对象来区别，如教师在国家、地方和学校课程中决策参与的话语权，教师参与学校课程事务过程的话语权以及教师进行校本课程开发和课程实施中的话语权等。

在英文中，表达“学科”的一个重要词汇是“discipline”，它含有学科、训练、纪律、规训等多重含义。学科规训制度本就包含一定的权力关系，学科规训权力的形成是以学科规训制度的逐渐成形和日益成熟作为逻辑前提的。福柯认为，学科规训权力的存在状态不是国家主权、法律条文的简单延伸，而是表现为一种复杂的“场力结构”，是“各种力量关系、多形态的、流动性的场”。学科规训权力的关键问题不在于权力主体是谁，而在于它的权力技术、权力策略和权力运作方式如何。

---

① 福柯．规训与惩罚（英译本）［M］．纽约：Vintage Books 公司，1979：27.

② 福柯．疯癫与文明［M］．刘兆成，杨远婴，译．北京：生活．读书．新知三联书店，1999：4.

### 1.4.3 权力制约理论

1.4.3.1 分权制衡理论

分权制衡是在分权思想的基础上形成的权力理论，早在古希腊时期，亚里士多德就曾提出“法治应当优于一人之治”的思想，这也成为分权制衡思想的理论渊源。为防止权力的专制滥用，亚里士多德把政府的权力分为“议事、行政、司法”三个要素，并按照制定的法律行使权力。[①] 再后来，如罗马共和国政体中的“元老院、人民大会、执政官”三类权力机构以及西塞罗提出的“元老院、人民大会、执政官、检察官”四权分立的模式。近代资产阶级启蒙思想家孟德斯鸠提出著名的三权分立理论，即立法权、行政权和司法权，主张分别由国家三个不同的机关独立行使、相互协作的权力理论。美国总统托马斯·杰斐逊进一步完善了分权制衡理论并将其应用于国家政体。我国民主革命的伟大先驱孙中山提出“立法、司法、行政、考试、监察”五权分立的制衡思想。“以权力制约权力”机制正是以分权制衡理论为基础。

1.4.3.2 制度制约理论

制度制约理论的早期研究代表是卢梭，他在其代表作《社会契约论》中指出，人生而自由，为了维护人的权利，必须要有一定的“社会秩序”来维持，这种“社会秩序”是保持所有其他权利的权力，是基于一种“约定”而形成的。这种“社会契约”或被有些学者称之为“社会公约”，是每个社会个体在自由、平等的基础上自愿将其一切权利全部转交给集体，并由集体订立的一种契约。[②] 卢梭指出，在遵守两点约定的前提下才不至于使社会契约成为一纸空文，这两点约定包括：一是只有社会契约才能使其他社会约定具有效力；二是如有不服从契约者，共同体应该强迫其服从，并迫使其自由。[③] 康德在《法的形而上学原理——权利的科学》中提出了制度制约权力机制的理论基础，即公民和司法两个层面的私人权力和公共权力及其相互关系。课程权力在基层教师行使方面表现为《学校体育工

---

① 亚里士多德．政治学［M］．颜一，秦典华，译．北京：中国人民大学出版社，2003：145－146.

② 约翰·埃里奥特，王红宇．教师在课程发展中的作用——一个英国课程改革尚未解决的问题［J］．外国中小学教育，1993（4）．

③ 卢梭．社会契约论［M］．李平沤，译．北京：商务印书馆，2011：23.

作条例》《基础教育课程改革纲要（试行）》《体育与健康课程标准》中对教师权力的规定。

1.4.3.3 社会制约理论

托克维尔是社会制约权力理论系统论述的代表人物，其代表作《论美国的民主》是学术界第一部论述民主制度的专著。他提出，民主社会的价值诉求表现为人人享有完全的自由和平等，但这种社会形势往往同时造成无限权威、“多数的暴政”以及国家权力急剧膨胀的风险。托克维尔认为必须以分权制约的形式对政府权力加以限制，他的思想被看作“以权力制约权力”的理论来源和基础。在教师课程权力的行使过程中也存在社会制约的因素，一方面来自社会各界的监督；另一方面来自社会对国家权力结构的监督。

1.4.3.4 文化制约理论

文化制约权力的思想起源于古代历史人物（如孔子、亚里士多德等）著作中包含的伦理道德制约权力的思想，表现为以道德制约权力以及以伦理为缘起。再到后来，福柯、布迪厄等学者也都从文化规范权力的视角，即权力的合法性视角提出权力构建的理论。在此意义上的教师课程权力的制约主要来自社会文化氛围以及学校组织文化两个方面。

### 1.4.4 “结构主义—文化主义”研究范式

对相关文献进行综述分析发现，对于教师课程权力的研究大概存在结构主义和文化主义两种研究范式，这两种研究范式虽然存在很大差异，但在关注教师权力主体、课程权力关系等方面有共同之处。结构主义范式能够在关注教师课程权力时系统地把握其整体性和结构性，而在分析教师课程权力内部各要素之间的关系等方面则是文化主义的视角所能够达到的，鉴于对教师课程权力进行深入研究需要把握行政科层模式下的赋权以及考量课程改革过程中的教师赋权增能，单纯从结构主义或者文化主义的视角进行研究很难挖掘教师课程权力的运行以及权力内部要素的关系。

“结构主义—文化主义”范式不是在形式上结构主义与文化主义的简单相加，而是一种切合实际的综合研究范式，这表现在整合教师课程权力结构性和文化性的双重属性上。皮亚杰总结了作为方法论的结构主义范式具有的两个基本特点：一是某个领域可以具有不向外界寻求解释说明的规律或规则，并且具有结构的自足性，即基于本身的规律或规则建构自己说明自己的结构，表明其适用于结构主义；二是从某个领域“找”出来的结构具有某种普遍性，这种“普遍性”可以形式化为某种“公式”解释该领域内的现象。① 这因此被看作是结构主义方法论的基本内容和思维路径。文化主义是由斯图亚特·霍尔在1992年提出来的，用来指一种人类学和历史主义的文化研究方法，文化主义的分析是对整个生活方式中各种因素之间关系的研究，揭示特定文化背后的权力关系、核心价值理念以及权力的合法性，这种解释基于人际关系的媒介，并强调文化积极生产功能以及人的能动性，文化具有重视“非正式结构”的特点，如对特定人际关系和话语权的关照。

“结构主义—文化主义”范式遵循“确认主体—分析结构—了解关系—认识价值理念—形成制约”的逻辑路径分析体育教师课程权力的运行问题，这其中，权力关系、权力结构、权力主体、权力的核心价值理念以及权力的运行既是教师课程权力的构成要素，也是问题分析的维度。

## 1.5 研究意义

### 1.5.1 理论意义

教师课程权力问题是课程研究领域的一个重要命题。教师被赋予一定的课程权力并合理运用在某种程度上增加了教师的专业自主性，更加强调了教师在课程设计、课程开发、课程实施以及课程评价中的角色扮演，课程领域的研究也提升了基层教师的专业地位和职业价值。同时，教师课程权力也是教师研究领域的重要命题，这表现在新一轮课程改革使基层教师获得了新的教育观念和课程观念。教师在参与课程改革的过程中逐步完成课程的工具、课程的旁观者到课程决策参与者和课程实施权力主体的角色转型，这个过程也引起了教师对自身课程能力的重构。

体育教师课程权力的研究会影响整个学校体育改革的发展，体育教师课程权力的发展在促进学生全面发展的同时，也会引起学校管理体制以及组织文化的变革。因此，体育教师课程权力的研究对于体育课程改革、体育教师专业发展、学生全面健康发展、学校课程制度完善等多个领域都具有一定的理论价值，相关研究能够在丰富教师课程权力的内涵及其研究框架和内容体系的基础上充实学校课

① 皮亚杰．结构主义［M］．倪连生，王琳，译．北京：商务印书馆，1984：2－3.

程管理和教师管理的相关理论。

### 1.5.2 实践意义

对教师课程权力的相关研究不仅仅拘泥于理论层面的简单描述，它更加关注教育实践中基层教师课程权力运行过程中问题的解决。教师课程权力不仅涉及教师课程开发、教师课程实施、教师课程评价等课程实践问题，更包括教师课程决策参与、学校课程权力分配以及学校组织文化建设等政策与制度问题。研究课程权力的最根本原因就是课程权力的架构对于课程开发具有重要的作用，研究课程权力是期望在课程的决策和实施环节能够更好地吸纳基层人员的合理意见，能够集中全社会的智慧和力量，集思广益，最终开发出符合中国国情的、优秀的课程。

通过对体育教师课程权力的相关研究发现，当前我国体育教师应享有哪些课程权力、这些权力该如何使用、课程权力运行存在哪些问题、出现相关问题的原因何在等，会对体育教师的课程教学提供一定的实践指导，为体育教师在新课程改革过程中如何更好地理解课改理念，如何更好地参与到课程改革过程中来，如何更好地制订校本课程开发方案等提供实践参照。为提升体育教师对课程权力的认识程度、明确体育课程权力的使用、提高他们的课程能力和专业能力、促进体育教师维护自己权力、促进学校管理者合理给予教师应有的课程权力提供思路和方法。

## 1.6 创新点

视角创新——由体育教师课程权力的研究视角来探析体育与健康课程改革过程中出现的、需要及时解决的问题，通过解析体育教师课程权力的历史发展和演变，厘清体育教师课程权力的结构特征和理论框架，进而分析体育教师课程权力的行使现状和需要化解的矛盾以及解决问题的路径参照。

理论创新——本研究基于系统理论、权力制约（包括权力分配、权利冲突以及权力制衡等）相关理论以及运用“结构—文化”主义范式解析体育教师课程权力的结构特征，并探究当前教育改革背景下的体育教师课程权力的新释义。

实践创新——本研究为我国学校体育发展改革过程中体育教师的课程权力行使以及体育教师的赋权增能提供实践依据和现实参照。

## 1.7 研究思路与框架

### 1.7.1 研究思路

本研究围绕“体育教师是否应该获得应有的课程权力？该获得哪些课程权力？体育教师该在何种层面用权？该通过什么样的途径科学用权？”等问题以及“教师课程权力”的核心概念，从以下三个方面回答所提出的问题：一是体育教师课程权力是什么？二是体育教师课程权力的历史发展和运行现状的效果如何？三是体育教师该从哪些方面选择合理用权的路径？第一个问题是通过概念分析以及理论构建的形式对体育教师课程权力作一个全面的解读；第二个问题是在明晰概念的基础上，通过历史和现状的研究分析教师课程权力存在的问题；第三个问题是在总结归纳前两个问题的基础上结合实际提出体育教师课程权力运行的路径选择和对策建议。(图 1－1)

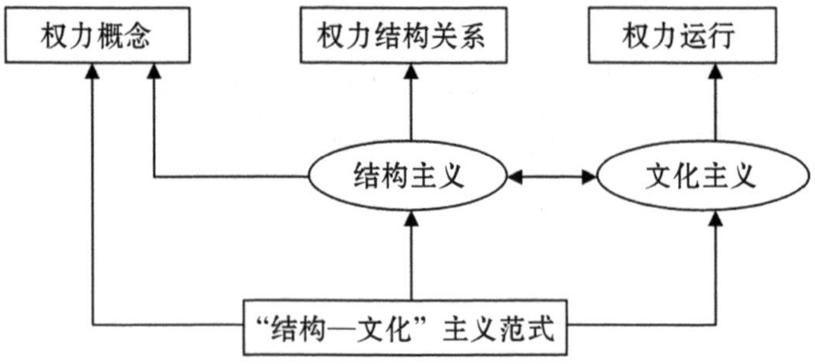


图 1－1　研究思路示意图

### 1.7.2 分析框架

依据“结构—文化”主义范式，以“体育教师课程权力”为核心概念，遵循“体育教师课程权力概念—体育教师课程权力结构关系—体育教师课程权力运行”的研究思路，纵向以“历史分析—现状考察”为分析维度，横向以“权力主体、权力结构、权力内容”为分析维度，形成本研究的纵横二维象限分析框架。(图 1－2)

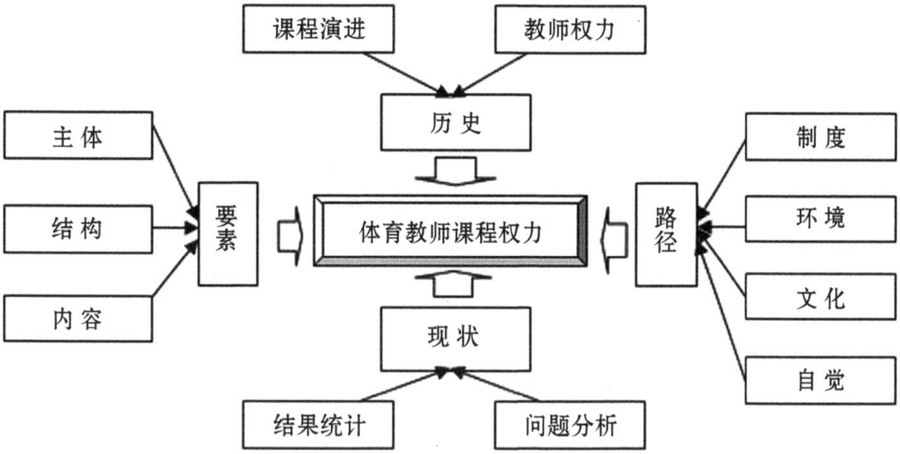


图1-2 研究分析框架

# 2 相关研究综述

## 2.1 国外相关研究

西方国家在早期的教育发展过程中，由于受到历史、文化等发展因素的影响，很早便形成了教育的分权模式，教育分权模式下的教育分权制度规定了国家和地方可以共同决定学校的课程政策，在此基础上的基层教师自然而然地拥有了在教育活动以及课程领域的空间和权力。这也决定了西方国家的教育研究者较早地关注到了教师课程权力研究的领域。对于教师课程权力的相关研究，国外学者大部分倾向于教师课程权力的内涵、要素及教师在课程实施过程中遇到的问题及对策分析等。

国外研究者对教师课程权力的研究存在着很大差异，大部分相关研究集中在美国、英国等发达的资本主义国家。然而，尽管许多研究者肯定了教师在整个课程活动过程中的地位和作用，并从理论和实践的角度进行了比较详尽的分析，但在教师课程权力概念的界定方面却没能给出统一的答案，因此，我们只能按照教师课程权力的历史发展进行梳理。

### 2.1.1 教师课程权力研究的萌芽阶段

从教师课程权力研究的历史发展进程来看，美国学者尤其是以进步主义教育流派为代表的研究者首先从批判传统教育的视角进行了一系列的研究，他们从学校基层教师在课程实施中的影响入手，以进步主义的教育思想批判了传统教育观对学生的影响和禁锢，开创了教师参与课程事务的研究先河。从美国近现代教育的历史发展进程来看，以杜威为代表的进步主义学者从探讨教师在新教育理念下的课程事务为突破口提出了教师课程权力的初步讨论，他从教师的教学以及教师、学生的互动到学校教材建设等方面初步探讨了教师在学校课程活动中的地位和作用。之后，拉格基继承了杜威的现代进步教育思想，并更加深入地探讨了“教师参与课程设计”的相关问题，指明了教师参与课程规划和运作对于课程发展的重要性。同时，坦纳夫妇参与的课程改革试验计划——“丹佛计划”进一步明确了教师参与课程编制的重要性。美国进步教育协会在1933—1940年开展了中等教育方面的调查研究——“八年研究”亦称“三十校实验”，从确立教育目标、进行课程改革、学校民主管理的改革以及教师专业发展等几个方面进行了深入实验研究，进一步明确了基层教师参与课程改革尤其是参与课程开发的重要意义和价值。这一历史发展过程，使具有世界教育意义的教师课程权力研究正式被学者们认可，并确定了教师课程权力研究与教师参与课程活动息息相关的研究基调。

### 2.1.2　教师课程权力研究的扩展阶段

随着教师课程权力研究的萌芽，现代进步主义教育观念逐步深入人心，基层教师参与课程变革及课程活动过程为研究者们所共识，这一时期被看作教师课程权力研究的进一步发展阶段。以美国著名学者希尔达·塔巴在1962年提出“教师作为课程变革代理”的观点为研究开始。他指出应该让教师参与课程的变革，并认为教师参与教学单元设计是课程编制的开始；后来英国课程专家斯坦豪斯在其1975年的著作《课程研究和发展导论》中提出，教师的责任应该包括课程的研究和发展，课程应该由教师来研究，进而提出“教师作为研究者”的观点；再到美国著名课程论专家施瓦布提出“课程观的实践理性”，他认为课程研究应该立足于教师的课程实践，提出“行动研究”的实践模式方法论，将教师课程研究放眼于校本课程的开发。学者P. Taylor Webb对华盛顿州一所公立小学的教师拥有专业自主权的情况进行了考察，并指出，当教师拥有专业决策权时，便能根据自己专业性判断改变政府的课程与评价政策。[①]

综上所述，课程研究的学者和专家都在不同程度上强调了教师作为课程活动参与者在整个课程研究过程中的重要作用，课程开发成为教师不可回避的领域，

---

① P. Taylor Webb. *Teacher power：the exercise of professional autonomy in an era of strict accountability*［J］. Teacher Development，vol 6，no. 1，2002.

强调教师应带着应有的权力和责任投入到课程开发过程中。这一时期的教师课程权力研究基本集中在对教师课程权力内容的重视和扩展上，在一定意义上丰富了教师课程权力的内涵，并基本实现了课程研究向教师靠近的历史转向，这无疑具有重要的历史进步意义。

### 2.1.3 教师课程权力研究的继承与完善阶段

如果说教师课程权力研究的扩展阶段实现了教师课程权力研究由研究“防教师”向研究教师参与课程活动的初步转向，那么这一时期的相关研究则是彻底实现了从“防教师”的课程研究向重视教师课程权力的转向。进入20世纪80年代，受到国际教育改革思潮的影响，课程研究成为人们关注的热点话题，学者们对教师课程权力的讨论和研究也丰富起来。这一时期的教师课程权力研究是在继承前人开始重视教师参与课程活动过程的基础上发展起来的。如康奈利等学者在《教师在研究和课程开发中的角色》一文中运用施瓦布“行动研究”的理论成果指出教师在课程活动过程中的责任感，强调教师在课程实施过程中的影响和角色将为他们参与课程事务提供很大帮助，同时再次强调了教师作为“课程代理”的角色定位。

美国学者D. 约翰．梅兰泰尔和玛丽·约翰·奥黑尔（D. John Mclntyre & Mary John O'Hair）指出教师在课程参与过程中的专业自主权问题，并基于教师在课程参与过程中应扮演的角色进行了进一步讨论，指出教师是课程变革的重要因素，教师应该拥有参与课程变革的权力。[①] 美国学者帕特丽夏·卡尼（Patricia Kearney）等人对课堂中教师权力的运作进行了一系列的研究，随后指出：“针对学生的不同行为，教师拥有一系列扩展性的权力策略或称行为转换策略（BATs）与代表性的信息群（BAMs），教师主要依赖奖惩、学生群体力量两种方式；学生也拥有同样的行为策略，具有及时性、随意性特点。”[②] 澳大利亚学者格伦迪在其1998年的著作《课程：产品还是反思性实践》中表述了“教师作为课程编制者”的观点，认为教师要承担起课堂层面的课程开发责任，因为这可以提高教师的能力、提升教

① D. John Mclntyre & Mary John O'Hair. 教师角色［M］. 丁怡，马玲，等，译. 北京：中国轻工业出版社，2002：19.

② Patricia Kearney & Timothy G. Plax. *Power in the classroom III：Teacher communication techniques and messages*［J］. Communication Education，Vol 34，No. 1，1985.

师实施课程的思想水准；教师的课程权力越来越为学者们所关注。

艾尔斯（Ayers，1992）指出："赋权是教学的灵魂和心脏，它不可能由软弱无力之人去实现。就像消极被动的教师绝不可能培养出积极主动的学生，反应迟钝的教师绝不可能教导出思维敏捷的学生，对任何事都漠不关心的老师绝不可能培养出充满爱心的学生。那么我们需要赋权教师吗？答案是只要我们想要杰出的学生不断从学校中涌现出来，我们就需要赋权给老师。"① 瑞钦纳和肯奈指出，"赋权予教师"的重要内容之一就是赋予教师包括课程决策权在内的专业自主权，这也具有一定的历史进步意义。

## 2.2 国内相关研究

对"中国知网"（CNKI）的中国学术期刊网络出版总库、中国博士学位论文全文数据库、中国优秀硕士学位论文全文数据库、中国重要会议全文数据库和中国图书全文数据库5个数据库的文献查阅发现，与教师课程权力相关的研究大部分出现在2000年以后，说明此前"教师课程权力"这一概念对于我国课程与教学研究者的陌生性。特别是在2001年以后，教师课程权力相关研究大量涌现，这也体现了教师课程权力研究与我国基础教育课程改革的时间吻合，更说明教师课程权力研究与课程改革的紧密联系。

### 2.2.1 教师课程权力含义的诠释

吴艳玲（2008年）指出，教师的课程权力可以理解为在法定允许范围内的能动力量，这里的法定包括国家教育法规、国家课程政策等，而能动力量则包括教师在课程研究、课程开发以及课程实施过程中的可以自行支配的权力；并指出，教师的课程权力存在于国家的教育法规和课程政策中，并通过这些法规和政策予以保障实施。②

李海英（2005年）在《课程权力：协商课程的一种追求》一文中将课堂中的课程权力理解为教师和学生在已获得的经验基础上，通过师生共同交流和实践以及反思的方式而达成的课程重构的权力，并基于协商课程的理论视角指出应该从

① Ayers W. *Work That is Real: Why Teachers Should be Empowered* [A]. G A Hess (Ed.). *Empowering teachers and Parents: School Restructuring through the Eyes of Anthropologists* [C]. Westport, Conn: Bergin & Garvey, 1992. 26.

② 吴艳玲．教师课程权力探源［J］．四川教育学院学报，2008（6）：24.

课程活动、课程角色、课程文本形式等方面让基层教师和学生享受充分的权力，打破传统意义上人们思想意识下理想状态的权力考虑，最终把本该属于课堂中的教师和学生的权力归还给教师和学生。①

胡东芳（2005 年）在《谁来决定我们的课程？——主要国家课程权力分配比较研究》一文中指出："课程权力是根据一定的目的来影响课程行为的能力，也是一种权威性力量，依靠这种力量可以在课程方面造成某种特定的结果。它主要包括课程政策制定中的参与权、课程编制开发权、课程决策权、课程专业自主权以及课程实施权等。它具体体现在课程计划、课程标准以及教科书的制定、决定和使用之中，也体现在课程内容的选择优化过程当中。"②

在对教师课程权力含义研究的综述中可以发现，在学习和肯定国外学者对教师课程权力的研究基础上，国内研究者对教师课程权力的概念理解大概包括两种：一是认可教师课程权力作为一种权威性力量的方式存在，从赋权的角度指出教师课程权力是通过政府等国家上层组织对教师在社会系统中的权力分配，这种权力的分配具有一定的法理性、强制性和目的性。教师在参与课程实施的过程中依靠这种外赋的权威力量对课程活动施加影响以达到改进和发展课程的目的。二是突显了教师在行使课程权力过程中的责任意识，这往往是从责任的视角进行探讨的介入，更多地强调教师由依靠发挥自己的课程责任意识转化为课程实践过程中的权力赋予，研究者们大都关注了教师课程权力研究的前提假设，即研究维度的确定，大部分将其集中在教师课程权力的"实践维度"，即参与课程活动的过程，而"法律维度"和"课程维度"则被认为是教师课程权力研究的"共同维度"。

### 2.2.2 教师课程权力构成要素的归类

教师课程权力要素作为相关研究的主要方向也被大多数研究者所重视，从不同的视角和侧重点进行了相关探讨和论证，这也在某种程度上反映了教师课程权力研究所包含的内容。

李斯颖（2007 年）在《学校场域中的教师权利》的研究中提出，教师在学校场域中应被赋予包括教育教学自主权、民主权、专业发展权等方面的权力，其中

---

① 李海英．课程权力：协商课程的一种追求［J］．全球教育展望，2005（9）．

② 胡东芳．谁来决定我们的课程？——主要国家课程权力分配比较研究［J］．外国教育研究，2005（3）：29.

教育教学自主权主要由课程编制权、教学自由权、管理权和评价权四个方面构成。① 马和民（2002 年）则认为，教师在课堂中的权力主要体现在教科书的选择、课程实施计划的制订、教学形式和教学方法及评价手段的使用等方面。②

王丽（2013 年）在《课程权力：体育教师专业性之回归》一文中指出，以教师专业知识为主的课程知识是基层教师获得课程权力的基础条件，教师行使课程权力也必须以一定的课程知识为前提条件。三级课程管理模式初步实现了包括教师在课程决策、课程参与、课程设计以及课程实施等方面的权力下放，但这也是建立在教师具有足够的专业知识的基础之上的，否则，只是制度模式层面的权力下放也不过是一个形式而已。③

刘进（2012 年）在《课程权力的实践逻辑及其理性回归》一文中以系统论的视角，从课程权力体系的构建切入，首先肯定了教师课程权力在课程管理框架建构以及课程管理政策制定等方面的积极作用，又从教师行使课程权力过程中的权力细分将归属于不同权力所有者和行动者的课程权力进一步细分为课程编制权、课程审查权、课程决策权、课程选择权、课程实施权、课程教材选择监督权以及课程评价权等方面。④

王娇娇（2008）在《论教师课程权力的赋予对教师发展的影响》一文中指出，教师课程权力的内容包括课程决策权、课程开发权、课程实施权以及课程评价权。其中教师的课程决策权可以理解为，教师在课程活动中根据自身的教育理解和积累的教育知识，对课程进行创设及改造的权力；教师的课程开发权可以理解为，教师依靠自身教育知识和教学实践的经验积累，并结合学校的发展现状和需要以及学生身心发展水平的差异，充分整合和开发课程资源的权力；教师的课程实施权可以理解为，教师作为课程实施的主体，通过课程活动完成课程内容从理论设计到实践活动的过程转变，并在整个过程中让学生参与到课程实施活动当中去；教师的课程评价权可以理解为，教师能够对课程决策参与以及课程开发实施等环节进行科学合理的判断和评价，能够发现问题并对课程及时修正。同时还提出，

---

① 李斯颖．学校场域中的教师权利［D］．长沙：湖南师范大学，2007.

② 马和民．新编教育社会学［M］．上海：华东师范大学出版社，2002：96.

③ 王丽．课程权力：体育教师专业性之回归［J］．当代体育科技，2013，3（26）.

④ 刘进．课程权力的实践逻辑及其理性回归［J］．当代教育科学，2012（7）.

在关注赋予教师一定的课程权力对课程内容、课堂实践及教学效果等方面产生影响的同时，也应该关注教师课程权力的赋予在教师课程角色、教师专业发展、教师反思、教师合作等教师自身发展方面产生的重要影响。①

综上所述，国内学者对教师课程权力构成要素的研究主要倾向于三个基本权力，即教师课程开发权力、教师课程实施权力以及教师课程评价权力，并能从理论和实践方面做初步的分析，看到一些问题，提出相应的对策建议。总体来看，教师课程权力的研究主要呈现出在教师发展和课程发展不同阶段的差异性，即教师发展阶段不同、课程发展时期不同决定了课程权力的运行以及内容构成的不同。

### 2.2.3 教师实施课程权力出现的问题和原因的相关分析

周正（2008 年）在《教师课程权力研究的回顾与反思》一文中以“教师应否获得课程权力”的“应然”以及“教师能否拥有课程权力”的“实然”两个方面作为研究切入点，比较具体地解析了教师获得课程权力在当前发展时期的必要性，并指出导致教师施行课程权力出现问题的成因主要包括教师课程权力的失衡以及教师的低效参与和主动放弃，进而将出现问题的原因归结为教师职业特点的影响以及教师知识技能的局限等内在原因和配套政策落实以及考试制度的影响等外在原因，并从如何“维权”的角度指出改革学校结构，让教师有机会参与学校重大课程决策以及构建良性循环的课程权力运行和分配机制是解决问题的主要途径。②

林德全、冯东俊（2007 年）在《教师课程权力虚置的成因与对策》一文中指出，导致理想状态下的教师课程权力与现实状态下的课程权力存在差距的主要原因是教师课程权力虚置，即教师的合法性课程权力来源没有转化为现实性的课程权力实践，并将教师课程权力的不当使用、教师课程权力制度的缺失以及教师主动放弃课程权力等方面概括为教师在施行课程权力过程中出现问题的原因所在。③

综上所述，由教师课程权力意识不足直接导致的教师参与课程活动行使课程权力的主观观念不强以及教师课程权力缺失、误用滥用等，被大多数学者认定为当前时期我国基础教育阶段教师课程权力存在的主要问题，这在很大程度上制约了基础教育阶段教师课程活动的开展，也不利于新一轮课程改革的推进。研究者

---

① 王娇娇．论教师课程权力的赋予对教师发展的影响［J］．中小学教师培训，2008（6）．

② 周正．教师课程权力研究的回顾与反思［J］．教师教育研究，2008（5）．

③ 林德全，冯东俊．教师课程权力虚置的成因与对策［J］．天中学刊，2007（4）．

针对出现的问题做了相关成因的分析，大概包括内部原因和外部原因两个方面，并将内部原因归结为教师职业特点、教师课程能力、课程意识以及专业能力的限制等；把外部原因归结为国家给予教师课程权力的政策法规不到位、学校执行教育政策的力度不够以及地方和学校环境及教师评价机制的不完善等若干方面。

### 2.2.4 探索教师课程权力实现的相关研究

任娟、袁顶国（2010 年）在《教师课程权力实现的现实困境与保障机制研究》一文中基于权力生成性来源——“外赋”和“内生”两个方面提出教师课程权力的实现需要获得教育法规、课程权力意识和专业实践能力三个条件的支持，并指出当前时期国家放权力度不够、职责划分模糊的国家授权困境以及教师课程权力意识和专业实践能力匮乏是教师课程权力实现的现实困境，从国家文件形式、地方网络形式和学校平台形式三个方面提出教师课程权力实现的保障机制。[①]

林德全、冯东俊（2007 年）在《教师课程权力虚置的成因与对策》一文中指出，教师的课程权力更多的时候被作为一种形式表现出来，并且表现为一种权力虚置的状态，提高教师的课程权力效能是改变这种状态的有效方法，并有助于提高课程时间的效果以及实现学生的全面发展。一是完善包括明确教师课程权力范畴在内的课程制度保障机制，明晰教师课程权力运用。从宏观层面进一步明确国家、地方、学校的课程权力，从微观层面进一步给予教师足够的课程权力。二是教师参与课程领导与管理，包括建立完善的教师课程权力保障机制，提高教师的地位和影响力。三是强化教师课程权力意识、提高教师课程能力，包括强化教师培训、教师自我提高、完善课程评价体系。[②]

刘进（2012 年）在《课程权力的实践逻辑及其理性回归》一文中指出，应该以教师课程权力的实践逻辑作为切入点，厘清课程权力场域中各权力主体间的关系，重新实现课程资源和相关利益的分配，这被看作解决教师课程权力实施过程中出现问题的关键所在。并进一步研究提出，教师课程权力的多元配置、课程结构的高度自治、课程主体的人本复归以及课程运作的制度保障是实现教师课程权力规范化、科学化和制度化的保障策略。[③]

---

① 任娟，袁顶国．教师课程权力实现的现实困境与保障机制研究［J］．基础教育，2010（9）．

② 林德全，冯东俊．教师课程权力虚置的成因与对策［J］．天中学刊，2007（4）．

③ 刘进．课程权力的实践逻辑及其理性回归［J］．当代教育科学，2012（7）．

研究者在对教师课程权力缺失造成的原因进行分析时，提出的解决对策大概归结为国家、学校和教师三个方面。其中国家层面表现在相关教育法规以及课程制度和政策的完善；学校层面表现在学校对教师参与课程活动过程的支持，包括配套资源、完善制度以及校长支持等方面；而教师层面则表现在通过对教师的培训以提高基层教师的课程能力以及专业能力，进而从教师自身保障课程参与的顺利进行。

综观对前述文献的研究，尽管我国学者对教师课程权力的研究起步较晚，但在相关研究方面还是取得了一定的成果，包括对这一新生概念的初步理解和认知，并在此基础上能够针对我国教育的实际情况对教师在课程权力施行过程中出现的问题做成因分析。但从应用实践的角度来看，还有一定的局限和不足，主要表现在，一是还没能对教师课程权力概念的内涵予以统一并形成共识；二是对我国教师课程权力研究结果的整合存在不足，表现为许多研究只是站在自己关注的视角作个别研究，相关研究结果也显得不够完整和具体；三是对教师课程权力实施过程中发现的问题作对策解析还停留在初步的理论探索阶段，具有实际操作的针对性对策并不多见。

# 3 研究对象与方法

## 3.1 研究对象

本研究以我国中小学体育教师课程权力为研究对象。

## 3.2 研究方法

“不要在意图或决定的层面上分析权力，不要试图从内部分析，不要提出诸如‘谁拥有权力?’‘拥有权力的人他脑子里想些什么?’‘他追求什么?’而是相反，应当研究完全现实的实际运行中的权力意图。也就是说，从权力的外部方面来研究权力。”①

### 3.2.1 文献资料法

本研究以相关专著及国内外文献资料为主，收集教师课程权力的相关研究成果，了解相关研究现状并进行综述分析，梳理相互关系并凝炼出本研究的理论基础。

### 3.2.2 问卷调查法

本研究通过设计科学合理的调查问卷，选择典型的调查样本，对我国体育教师的课程权力问题进行问卷调查，通过调查发现问题并分析原因，进而为相关对策的提出提供现实依据。

---

① 福柯．必须保卫社会［M］．钱翰，译．上海：上海人民出版社．

3.2.2.1 确定体育教师课程权力的维度

在对体育教师课程权力概念界定以及相关研究总结的基础上，通过对专家及校长访谈的归纳，将体育教师课程权力划分为体育教师对课程权力的理解和认识、体育教师课程权力的内容与运行以及学校对体育教师课程权力的影响三个维度。其中体育教师对课程权力理解和认识的维度包括对课程权力的概念和作用的理解，体育教师课程权力的内容和运行维度包括课程决策参与权、课程实施权、课程开发权、课程创生权和课程评价权。学校对体育教师课程权力的影响主要体现在学校体育工作分管领导的重视和协调、学校体育课程事务制度（主要是校本课程开发）的改进以及学校体育文化的建设等方面。

3.2.2.2 调查问卷的编制

调查问卷的编制主要包括两方面的内容：一是编制体育教师课程权力问卷，并完成问卷的信效度检验；二是采用探索性因素分析确定体育教师课程权力的维度和因素。

3.2.2.2.1 调查方法

采用李克特5点自评式量表（Likert scale）（1＝完全不符合；2＝有点符合；3＝说不清楚；4＝基本符合；5＝完全符合）进行团体施测；通过随机抽样的方式选取被试者。为保证调查的代表性，应尽可能地注意被试者在职称、教龄、学历水平等方面的均衡性。

3.2.2.2.2 预测问卷的编制

题项的编制。结合文献资料分析以及前人相关研究，参照赵虹元（2008年）《基础教育教师课程权力研究》中的附录《教师课程权力问卷》，确定预测问卷的题项。预测问卷包括45个题项，经由专家、教师的分析建议删减掉3项不能体现调查目的的题项，并对剩余题项中难以理解、表述模糊或者有歧义的题项进行了修改和完善。最终确定题项42项，其中体育教师对课程权力认知的题项有6项，体育教师课程决策权力的题项有5项，体育教师课程开发权力的题项有4项，体育教师课程实施权力的题项有4项，体育教师课程创生权力的题项有5项，体育教师课程评价权力的题项有6项，学校对体育教师课程权力支持的题项有6项，体育教师课程权力自我效能感的题项有6项。在施测过程中，被试对象根据实际情况选择与各个题项的符合程度，分别从“完全不符合”到“完全符合”记1～5分。

统计方法。运用 SPSS 19.0 软件进行统计分析。

3.2.2.2.3 正式问卷的编制

被试对象。随机调查中小学体育教师 60 人，主要由济南市市中区、历下区、槐荫区三个行政区域的中小学体育教师构成（表 3－1）。发放预测问卷 60 份，回收问卷 56 份，有效问卷 55 份，回收有效率为 91.7%。

**表 3－1 被试教师构成表**

| 区域 | 学校类别 | | | 性别 | | 总计 |
|---|---|---|---|---|---|---|
| | 小学 | 初中 | 高中 | 男 | 女 | |
| 市中区 | 4 | 7 | 9 | 15 | 5 | 20 |
| 历下区 | 5 | 7 | 9 | 17 | 4 | 21 |
| 槐荫区 | 6 | 6 | 7 | 16 | 3 | 19 |
| 小 计 | 15 | 20 | 25 | 48 | 12 | 60 |

题项分析与筛选。参照以下标准对题项进行评价，利用因素分析对题项进行筛选，标准包括依照因素负荷小于 0.5（$\alpha < 0.5$）以及共同度小于 0.25（$h^2 < 0.25$），删除 2 个题项。

参照被试者是否存在对某一题项的作答几乎相同或者大多数被试者认为存在歧义或难以理解的标准，删除 1 个题项。

通过被试者对问卷进行预测试，最终形成包含 39 个题项的《体育教师课程权力调查问卷》，见附录 1。

因素的确定及命名。通过 KMO（Kaiser－Meyer－Olkin 检验统计量）检验和因素模型的适合性检验，结果显示，问卷的 KMO 值为 0.921，因素模型的适应性检验值为 14826.374，其显著性水平为 0.000，为极其显著，因此可以对剩余的 39 个题项进行探索性因素分析。

先对问卷进行主成分分析以提取公共因素，获得初始因素负荷矩阵，再使用正交旋转法得出旋转因素负荷矩阵，最后参照因素的特征值大于 1 等标准确定因素数目。（体育教师课程权力量表见表 3－2）

表 3－2　体育教师课程权力量表

| 因素一 | | | 因素二 | | | 因素三 | | | 因素四 | | | 因素五 | | |
|---|---|---|---|---|---|---|---|---|---|---|---|---|---|---|
| 特征值 4. 617<br>贡献率 9. 112% | | | 特征值 4. 425<br>贡献率 8. 736% | | | 特征值 4. 266<br>贡献率 8. 356% | | | 特征值 4. 113<br>贡献率 8. 117% | | | 特征值 3. 673<br>贡献率 7. 039% | | |
| 题号 | 共同度 | 因素负荷 | 题号 | 共同度 | 因素负荷 | 题号 | 共同度 | 因素负荷 | 题号 | 共同度 | 因素负荷 | 题号 | 共同度 | 因素负荷 |
| T11 | 0. 76 | 0. 794 | T23 | 0. 77 | 0. 709 | T15 | 0. 72 | 0. 781 | T9 | 0. 73 | 0. 766 | T20 | 0. 75 | 0. 752 |
| T1 | 0. 64 | 0. 775 | T25 | 0. 68 | 0. 678 | T12 | 0. 67 | 0. 742 | T29 | 0. 69 | 0. 731 | T13 | 0. 69 | 0. 701 |
| T2 | 0. 58 | 0. 771 | T7 | 0. 71 | 0. 631 | T35 | 0. 70 | 0. 675 | T31 | 0. 71 | 0. 663 | T21 | 0. 64 | 0. 677 |
| T27 | 0. 72 | 0. 689 | T3 | 0. 65 | 0. 587 | T16 | 0. 59 | 0. 621 | T6 | 0. 67 | 0. 589 | | | |
| T37 | 0. 68 | 0. 662 | | | | T26 | 0. 61 | 0. 588 | | | | | | |

| 因素六 | | | 因素七 | | | 因素八 | | | 因素九 | | |
|---|---|---|---|---|---|---|---|---|---|---|---|
| 特征值 3. 417<br>贡献率 6. 225% | | | 特征值 3. 113<br>贡献率 6. 037% | | | 特征值 2. 645<br>贡献率 5. 323% | | | 特征值 2. 578<br>贡献率 5. 069% | | |
| 题号 | 共同度 | 因素负荷 | 题号 | 共同度 | 因素负荷 | 题号 | 共同度 | 因素负荷 | 题号 | 共同度 | 因素负荷 |
| T33 | 0. 73 | 0. 766 | T8 | 0. 68 | 0. 744 | T18 | 0. 75 | 0. 775 | T10 | 0. 71 | 0. 733 |
| T34 | 0. 68 | 0. 699 | T39 | 0. 65 | 0. 721 | T22 | 0. 59 | 0. 732 | T19 | 0. 73 | 0. 702 |
| T36 | 0. 52 | 0. 562 | T30 | 0. 73 | 0. 699 | T4 | 0. 66 | 0. 676 | T32 | 0. 59 | 0. 658 |
| | | | | | | T24 | 0. 65 | 0. 590 | T28 | 0. 66 | 0. 667 |
| | | | | | | T14 | 0. 58 | 0. 583 | T5 | 0. 61 | |
| | | | | | | T17 | 0. 67 | 0. 566 | | | |
| | | | | | | T38 | 0. 71 | 0. 560 | | | |

依据维度贡献题项越多，就以其维度进行命名以及以负荷值较高的题项含义命名的原则，由测试结果（表 3－2）可知，因素一涉及体育教师对课程权力的认知和理解等 5 个题项，可以命名为“体育教师课程权力认知”；因素八涉及学校对体育教师课程权力的态度、学校为体育教师课程权力实施提供的条件以及学校领

导作风和学校组织文化等，可以将该因素命名为“学校内部环境”，据此原则，依次将因素三命名为“教师课程开发权力”、因素七命名为“教师课程创生权力”、因素九命名为“教师自我效能感”、因素五命名为“教师课程评价权力”、因素四命名为“教师课程实施权力”、因素六命名为“课程权力价值”、因素二命名为“教师课程决策权力”。

问卷的信效度检验。信度检验：运用内部一致性信度和重测信度对问卷的信度进行检验（重测对象来自预测群体，重测间隔时间为一个月）。

由表3－3的结果可知，各因素的内部一致性系数全部在0.750以上，介于0.767～0.862，重测信度系数介于0.782～0.871，且达到0.01的显著性水平，问卷的信度指标可以被接受。

**表3－3 各因素信度检验**

| 因素名称 | Cronbach α 系数（$n=60$） | 重测信度系数（$n=30$） |
|---|---|---|
| 因素一 | 0.862 | 0.871 |
| 因素二 | 0.853 | 0.864 |
| 因素三 | 0.791 | 0.802 |
| 因素四 | 0.816 | 0.823 |
| 因素五 | 0.843 | 0.851 |
| 因素六 | 0.829 | 0.838 |
| 因素七 | 0.792 | 0.815 |
| 因素八 | 0.767 | 0.782 |
| 因素九 | 0.802 | 0.819 |
| 总量表 | 0.837 | 0.848 |

效度检验：对问卷内容效度的检验主要来自专家以及被试代表的检验，各题在含义清晰、表达规范、易于理解等方面表现出较好的内容效度。

表3－4中依照因素与因素之间以及因素与总问卷之间的相关结果分析可知，各因素与总平均分之间的相关介于0.513～0.772，且各因素之间的相关也大都低于各因素与总平均分之间的相关，反映出了一定的归属性且有一定的独立性，证

明问卷的结构效度较好。

表3－4 各因素之间及因素与总平均分的相关

| 因素名称 | 因素1 | 因素2 | 因素3 | 因素4 | 因素5 | 因素6 | 因素7 | 因素8 | 因素9 | 总平均分 |
|---|---|---|---|---|---|---|---|---|---|---|
| 因素一 | 1.00 | | | | | | | | | |
| 因素二 | 0.291 | 1.00 | | | | | | | | |
| 因素三 | 0.320 | 0.319 | 1.00 | | | | | | | |
| 因素四 | 0.431 | 0.288 | 0.109 | 1.00 | | | | | | |
| 因素五 | 0.263 | 0.331 | 0.212 | 0.178 | 1.00 | | | | | |
| 因素六 | 0.452 | 0.264 | 0.306 | 0.271 | 0.291 | 1.00 | | | | |
| 因素七 | 0.310 | 0.317 | 0.263 | 0.324 | 0.182 | 0.162 | 1.00 | | | |
| 因素八 | 0.456 | 0.260 | 0.301 | 0.248 | 0.326 | 0.276 | 0.277 | 1.00 | | |
| 因素九 | 0.315 | 0.197 | 0.037 | 0.207 | 0.228 | 0.335 | 0.327 | 0.132 | 1.00 | |
| 总平均分 | 0.717 | 0.772 | 0.662 | 0.582 | 0.713 | 0.624 | 0.554 | 0.513 | 662 | 1.00 |

### 3.2.3 访谈法

本研究在前期阶段对体育课程研究领域的相关专家以及行政主管部门的领导、相关学校的领导、老师进行访谈，获得初步资料，并在后期选择北京市、上海市、济南市、青岛市等地区的中小学分管领导、一线体育教师进行深度访谈，了解现阶段我国体育教师课程权力的状况，并有针对性地构建体育教师课程权力的赋权和运作机制。

#### 3.2.3.1 体育教学、学校体育等领域相关专家访谈

对体育教学领域的专家进行访谈，了解当前时期体育与健康课程改革过程中中小学体育教师课程领域的相关现状和出现的问题，重点把握中小学体育教师课程权力方面的相关信息。（访谈专家名单见表3－5）

表 3 -5 访谈专家一览表（$n$=9）

| 姓名 | 单位 | 职称 |
|---|---|---|
| 任 * | 北京体育大学 | 教授 |
| 黄 * * | 北京体育大学 | 教授 |
| 姚 * | 北京体育大学 | 教授 |
| 王 * * | 北京体育大学 | 教授 |
| 刘 * | 北京体育大学 | 教授 |
| 卢 * | 北京体育大学 | 教授 |
| 李 * | 首都体育学院 | 教授 |
| 于 * | 山东师范大学 | 教授 |
| 许 * * | 中国海洋大学 | 教授 |

3.2.3.2 中小学校长及基层体育教师开放式访谈

利用“国培计划”和相关会议的机会实际调研北京市、上海市、济南市、青岛市等地区中小学校，采取开放式访谈的形式对中小学校长及基层体育教师进行相关问题的访谈，旨在了解中小学体育教师课程权力问题在中小学校面临的现实问题。(开放式访谈人员构成见表 3 -6)

表 3 -6 开放式访谈人员构成一览表（$n$=69）

| 城市 | 学校类别 | | | | | | 总计 |
|---|---|---|---|---|---|---|---|
| | 小学 | | 初中 | | 高中 | | |
| | 校长 | 教师 | 校长 | 教师 | 校长 | 教师 | |
| 北京市 | 2 | 4 | 1 | 5 | 1 | 3 | 16 |
| 上海市 | 1 | 3 | 1 | 2 | 1 | 4 | 12 |
| 济南市 | 3 | 7 | 1 | 6 | 2 | 6 | 25 |
| 青岛市 | 1 | 3 | 1 | 5 | 1 | 5 | 16 |
| 小计 | 7 | 17 | 4 | 18 | 5 | 18 | 69 |

3.2.3.3　中小学校长及基层体育教师深度访谈

利用实地调研以及课题会议的机会，采取深度访谈的形式对中小学校长及基层体育教师进行进一步的深入访谈，主要依据深度访谈提纲了解当前中小学体育教师课程权力实施现状以及在体育教师课程权力实施过程中遇到的困难和阻碍，并探讨教育改革形势下的体育教师课程权力的实现。（深度访谈人员构成见表3－7）

表3－7　深度访谈人员构成一览表（$n=17$）

| 城市 | 学校类别 | | | | | | 总计 |
|---|---|---|---|---|---|---|---|
| | 小学 | | 初中 | | 高中 | | |
| | 校长 | 教师 | 校长 | 教师 | 校长 | 教师 | |
| 北京市 | 0 | 1 | 1 | 2 | 1 | 2 | 7 |
| 济南市 | 1 | 2 | 0 | 2 | 1 | 4 | 10 |
| 小计 | 1 | 3 | 1 | 4 | 2 | 6 | 17 |

### 3.2.4　比较研究法

本研究在初期阶段针对性地对比中外体育教师课程权力，以获得国内外先进的经验和理念，为我国体育教师课程权力的研究提供参照。另外，研究过程中会针对中小学体育教师的课程权力进行比照，以及比较新课程改革前后体育教师课程权力的差别，并作相关归纳总结。

### 3.2.5　数理统计法

本研究将采用 Excel 2017 及 SPSS 19.0 等相关软件对调查问卷、访谈等调查数据进行进一步的统计分析。

# 4 分析与讨论

## 4.1 概念之明——相关概念的界说

### 4.1.1 权力

#### 4.1.1.1 权力的词源探析

在汉语语境下，权力的核心词汇是“权”。“权”最早的意思是一种植物，即黄花木。《说文解字》中将其归为“木”部。在古代社会，权是度量衡的一个重要概念，它表示的是重量的标准，相当于现代的标准砝码。在封建社会，为了征收赋税、称量财物、支付黄金以及铸造钱币等，需要各种权衡器，因此权的种类样式很多。我国幅员辽阔，在长期的政治经济生活中，因不同地域、不同习惯，不同场合、不同用途形成了各种各样的权。到了现代，权的意义更丰富了，在原有“凭证”含义的基础上，具有了更广泛的含义。《现代汉语词典》对其给予了5种解释。与本文主题相关的两种解释：一是能指挥或者支配别人的力量，如权力、大权、权威、权限、军权等；二是指应当享受的利益，如权益、权利、人权、弃权等。这两种意思都是在古代“凭证”“度量衡”的含义上演化而来的。

根据我国古代相关典籍的记载，“权”主要包括两个基本的含义：一是审度、衡量；二是制约别人的能力。在《说文解字》中将“力”具体解释为：“筋也，象人筋之形。筋者其体，力者其用也。”《资治通鉴》中“愿将军量力而行”中的“力”指“力量”。《史记·淮阴侯列传》中“欲为陛下所为者甚众，顾力不能耳”中的“力”指“能力”。《孟子》中“以力服人者，非心服也”中的“力”指“威力，权势”。《论语》中“为力不同科，古之道也”中的“力”指“力量”。因此由“权”和“力”结合而成的“权力”一词，则明显具有对他人的强制力和支配力的基本含义。

“权力”一词在《现代汉语词典》中有两种解释：一是指政治上的强制力量；二是指职责范围内的支配力量。由此可见，权力的“强制性”特征是很明显的。就社会学研究看来，权力就是一种强制性的社会力量，拥有这一力量的主体依靠它来实现对客体或别的主体的控制。这是从“控制论”的视角对“权力”所作的界说。

权力对应的拉丁语或英语词汇在词源上分析大致有两种取向，一种被认为是拉丁语中的“potere”，原意为“能够”或“具有做某事的能力”，后来又派生出英文的“power”一词；另一种认为“权力”一词产生于拉丁语中的“autorias”，这里包括两种含义：一是指意识和法令，二是指权威，由此派生出英语中的“authority”这个单词。根据研究情境，在本研究中的“权力”更多的是采用前者所表述的“power”之意。

“power”一词 在《朗文当代高级英语辞典》中主要有以下几种意思：“right to act，given by law，rule or official position”“（法律、规章、地位所赋予的）权力，职位”“control over others，influence”“权力，势力，支配力，影响”“ability to have physical effect，force，strength”“力量，体力”“what one can do，（natural）ability”“能力，天赋”等。在某种意义上“power”一词已经突破了传统意义上的政治层面的权威、支配等含义而广泛应用于社会生活的各个领域。

4.1.1.2　权力的概念论说

亚里士多德曾从主人和奴隶依赖关系的不对称性指出，主人和奴隶的不对称关系的基础源自奴隶不能随意支配自身所需要的资源，造成奴隶对主人暴力手段及统治的无条件依附。这种分析主人和奴隶的依附关系被看作关于权力在西方的最早论述，也是西方社会权力关系的最初形成。罗布特·罗素是西方国家最早对权力提出明确定义的哲学家，他以权力实施的有意性和方向性为视角，提出权力是一方对另一方故意产生作用的产物，若一方故意对另一方产生行动上的作用，则表明这一方对另一方具有权力作用，并将其规定为一方对另一方的指向性以及故意施加作用的有意性。另外，罗素还将权力区分为一方对另一方的人的权力以及一方对另一方事物的权力。马克思则是在阶级关系的视域下探讨了权力的概念，他认为，权力关系表现为一种特殊的阶级关系，“权力是某个社会阶级为实现其客观利益而表现出的特殊的能力”，并将权力理解为来自社会各阶级间相互冲突的影响。

出于研究视角和重心的不同，法学、政治学、社会学等学科都给权力下了各自不同的定义，这也使得权力一词成为一个容易被大家混淆和含糊不清的学术概念。首先，这种概念上的模糊源自权力现象本身的神秘性和复杂性。“它好像就在我们的周围，但要凭某种第六感官而不是通常的五官才能感觉到它。……我们可以‘说明’某一个人或集团比另一个人或集团更有势力，可是我们却没有办法估量权力的大小。它既像时间一样抽象，可是又像行刑队一样真实。”① 其次，权力本身不是一个规范性的概念，而是社会生活的一般属性，这使它成为一个极易引起争议的概念。另外，由于学者们在研究立场、观点和方法上的不同，也使得权力的概念出现了纷繁庞杂的界说。美国政治学家丹尼斯·朗指出，权力概念上的众多界说极其混杂，主要来源于三种用法：①最普通的用法是将权力作为其同义语，如统治、控制、影响以及支配等，并使其具有这些词语的相近或等同的色彩和意思；②权力被视作个体甚至整个社会阶级追求的目标而具有个体的品质和属性；③由于个体与群体权力的个体差异以及社会群体间权力的不均分配而将权力看作社会生活最为普遍的生活特征。②

根据对权力概念的梳理，相关研究主要集中在以下四种意义上的界定。

一是在将权力看作带来某种结果或者施加作用于某一方面而带来确定结果的一种能力（power）。这种意义的应用十分广泛，适用于一般物质世界和特定的社会关系，既可指在某一方面施加作用表现出来的权力，也可指作为特定社会关系的权力。福柯是持这种观点的社会理论家代表之一。他认为，权力不仅表现于新一代应用社会科学家所合理解释的“学科性权力”，而且以“微观政治学”的形式渗透一切社会关系中；权力被看作“在非平等的、活动的关系相互作用中从无数点行使的东西”“权力无处不在，不仅因为它拥抱一切，而且因为它来自一切。”③

---

① 卢少华，徐万珉．权力社会学［M］．哈尔滨：黑龙江人民出版社，1989：15.

② 丹尼斯·朗．权力论［M］．陆震纶，郑明哲，译．北京：中国社会科学出版社，2001：3.

③ Michel Foucault. *The History of Sexuality*, *Volume I*: *An Introduction* ［M］. New York: Vintage Books, 1980: 93－94.

福柯同时对把权力视为压制或禁止的消极观点持反对意见，主张“权力之所以有价值，之所以被接受，只是因为这样的事实：它不仅使我们感到是‘说不’的力量，而且贯穿事物，产生事物；它引起愉快，形成知识，产生交谈。”①

二是以霍布斯、尼采、马基雅维利等学者为代表提出的将权力视为一种目标或者动机，这种目标或动机体现在从人性的角度出发对权力的不断追求。

三是强调权力总是带有强制性成分或使用强制手段的潜在能力。德国社会学家韦伯对权力的定义可以表述为“一个人或若干人在社会行为中实现自己意志的机会……甚至不顾参与该行为的其他人的反抗。”② 托马斯·戴伊在韦伯定义的基础上，将权力定义为“不过是担任某种职务的人在做决定时所具有的能力或潜力，而这种决定却能影响这个社会制度中的其他一些人。”③ 拉尔夫·达伦多夫认为，权力就是个人不顾他人的反对而执意实现自己意愿的一种意志。他从这一点出发，进而认为权力与权威之间的区别在于：与一个人的个性相联系的表现为权力，而权威则往往是与一个人的社会属性，即社会作用和地位联系紧密。④ 将权力定位为一种使用强制手段或者带有强制性的潜在能力，无疑是有意把权力与能力和影响的概念区分开来，但众多权力的事实表明，权力其实并不等同于强制、武力或者威胁。

四是把权力视为一种社会关系中的特殊影响力。这类定义力图去掉诸如强迫、强制、暴力、制裁等字眼，如吉克·普拉诺将权力定义为“根据需要影响他人的能力”，社会学家顿纳斯·H. 隆将权力定义为“权力者，就是某些人具有对其他人产生他所希望和预定影响的能力”，汉斯·摩根索把权力定义为人对其他人的思想和行动的控制，所谓“政治权力”指的是公共权威持有者的相互控制关系以及他们与全体人民之间的关系。⑤ 罗伯特·A. 达尔把权力、影响力、权威、控制、说服、强权、武力、强制等形形色色的术语糅合成一个综合性的概念——“影响

---

① Michel Foucault. *Power/Knowledge: Selected Interviews and Other Writings* [M]. New York: Pantheon Books, 1980: 119.

② 马克思．韦伯．经济与社会（上卷）[M]．林荣远，译．北京：商务印书馆，1997：81.

③ 托马斯．戴伊．谁掌管美国——里根时代 [M]．张维，吴继淦，刘觉俦，译．北京：世界知识出版社，1985：9.

④ 宋林飞．西方社会学理论 [M]．南京：南京大学出版社，1997：347.

⑤ 卢少华，徐万珉．权力社会学 [M]．哈尔滨：黑龙江人民出版社，1989：19.

力”，用以表达权力的概念，同时他又把权力定义为“用制造严厉制裁的前景来对付不屈从，从而得到屈从”的一种影响力。[①] 把权力视为社会关系中的一种特殊影响力，既避免了使本来就很复杂的权力概念进一步泛化，又在一定程度上避免了把权力窄化为强制、武力、威胁等范畴；另外，影响力有有意影响和非有意影响之分，如若不强调权力性影响的有意性，就不可能真正把握住人类社会生活中权力运作的本质。

从哲学角度解释，宏观的权力即个体对整体的控制力（如人对世界的控制力，通过向外探索获得）；微观的权力即个体对自身的控制力（人对于自身存在和发展的控制能力，通过向内探索获得）。马克斯·韦伯认为，“权力意味着在一定社会关系里哪怕是遇到反对也能贯彻自己意志的任何机会，不管这种机会是建立在什么基础之上”。帕森斯则认为，“权力是一种保证集体组织系统中各单位履行有约束力的义务的普遍化能力”。福柯认为，“权力是各种力量关系的集合”。乔·萨托利指出，“权力是发号施令，国家权力依靠合法的暴力垄断而发号施令。权力，至少是政治权力，一般与强制与可强制性、惩罚与可惩罚性有关。”

从权力的历史发展起源分析可见，公共权力的产生以及由此萌生的法律形态，是法定权力和权力出现的来源，而存在于原始社会氏族制度中的习惯和道德权力又被看作公共权力的社会发展起源。

由此可见，历史流变中的“权力”首先表现出狭义的权力和广义的权力之分，狭义的权力被看作统治阶级为维护统治地位，获取既得利益以及维持统治秩序目的下的组织支配能力，而广义的权力主要包括国家权力和社会权力两种类别。另外，权力被视为具有硬性压制和软性渗透两面性的在权力主体关系中发生的一种权威影响力，表现为一方对另一方的作用力。权力的内涵表现在权力一方依靠自身的资源优势对另一方施加影响以获得满足自己意愿的特殊作用力上，而在外延上既包括国家和社会层面的宏观权力形式，也将知识影响、权利话语等内部微观权力包括其中。

具体来讲，权力首先存在于权力主体和权力客体的社会关系中，离开权力主体或权力客体，权力就不复存在；权力主体之所以能使权力客体按照自己的意图

---

① 罗伯特·A. 达尔. 现代政治分析［M］. 王沪宁，陈峰，译. 上海：上海译文出版社，1987：31－60.

发生改变，是因为它拥有在权力客体看来比较稀缺的价值和资源；权力总是具有有意性，其实质是使权力客体在思想或行为上按照自己的意愿发生改变，因此，权力其实也是实现主体意志和目的的工具；权力虽然是一种使权力客体发生改变的潜在力量，但只有当权力主体的预期效果得以实现，也就是权力客体在思想或行为上发生改变时，才说明权力的存在；权力是社会关系中的一种特殊影响力，它既是改变权力客体的实际性力量，也是导致权力客体发生改变的潜在能力；它既不局限于表面的暴力、武力和威胁，又不涵盖社会关系中的一切影响力；它既具有压制的属性，也具有生产的属性，是有目的、有潜在能力且有效果地改变他人的一种影响力。

4.1.1.3　权力与权利之辨析

权力（power）与权利（right）两个词汉语读音相同，却有不同的含义，在使用中极易混淆。《现代汉语词典》对“权利”的解释为：公民或法人依法行使的权力和享受的利益（跟“义务”相对）。这个解释偏重于法律意义上权利的含义，法学中的权利主要指人们依法享有并受到法律承认并保护的利益、权能。

权力与权利之间存在着区别，这种区别主要表现在几个方面：一是享有主体的不同。权力是社会自然人拥有的支配或者作用于其他人和物的能力，这种能力往往是通过社会认可以及个体自身的技术和能力体现，而权利则是法律赋予合法公民的相关权益，这种权益表现为只要是合法的社会自然人，就应该生而有之。二是两者的实现方式不同，权力的实现表现为一种外向型，即通过权力来对别的人或事物施加作用和支配进而产生有利于自己的影响，而权利的实现则表现为一种内向性，即权利的实现是为了自然人获得直接用于保护自己的权益。三是权力与权利两者的支配方式不同，对权力而言，其本身就具有制裁性和强制性，当个体权力受到侵犯时就会第一时间受到个体权力的约束和制裁，而权利的源头是法律，其本身受到法律、法规的保护，权利被侵犯后可受到相应的法律保护。

权力与权利的关系表现为相互作用和依存、相互渗透和联系，其中这两者之间的作用和依存表现为在国家权力层面社会公民对自身权利的让渡以及权力决定法定权利的确认，权利实现离不开权力的同时也可以用权利的实现来影响权力。两者间的渗透和联系主要表现为权力与权利的相互转化，权力可以权利化（如以公谋私、以权易利的社会案例），同时权利也可以权力化（如公民选举权的行使）。

另外，两者之间还表现出相互冲突的一面，权利的实现离不开权力的保障，保障权利的同时还要注意权力行使的不当与越权行为。有学者研究指出，权力更多地保障国家运行维护和成为阶级统治的规范性标志，而权利则被视为存在于市民社会中用以维护市民社会独立性的标志。

### 4.1.2 课程权力

#### 4.1.2.1 当前课程权力定位

对课程权力的定位，要考虑到两个方面的制约，一是课程内容中的权力关系；二是社会一般权力关系。就课程内容中的权力关系而言，目前总体课程状况是需要与其相适应的民主型课程管理权力结构，从而改变传统霸权型知识结构的影响，而这一课程管理结构的要求就是分权。就社会权力结构状况的视角看，权力分化的趋势更加明显，表现为由聚合型单一权力结构向国家、社会和经济不同领域的权力分化，而这种分化的形成主要基于市场经济体制的影响。

因此，课程内容中的权力关系和一般社会权力关系共同作用下的分权模式应该被看作课程管理的权力结构。而这种分权是与社会权力结构相适应的一种分权，与地方分权的课程权力定位中的分权存在差别，可以理解为政府、社会教育组织和家庭之间对过度集中的国家课程权力的适度分享与分散。这其中包括两个方面的内容：一是政府及其各级教育行政机构之间对教育权力的分散与分享；二是政府、社会（教育组织、公民个人、家庭）之间对教育权力的分散与分享。

##### 4.1.2.1.1 中央集权定位下的课程权力

课程权力的中央集权模式是以课程决策权为主的课程权力高度集中于国家层面的赋权形式，这种形式下的权力定位将地方、学校以及教师的课程权力都划归在中央政府管理范围，表现为国家课程权力对地方、学校、教师课程权力的完全掌控。

这种中央集权形式下的课程模式在一定意义上有利于从国家本位出发，以国家统一课程的方式实现国家在教育及课程发展领域的利益，也更有益于“集中力量办大事”的历史需要，在一定程度上保证了当时课程建设的统一性和规范性。

##### 4.1.2.1.2 地方分权定位下的课程权力

美国是地方分权模式下课程管理的代表性国家，这种模式的形式表现为地方政府享有在课程管理方面充分的权力，即具有课程自治权力，只有在地方课程发展出现大的问题时，联邦政府才有可能介入课程的管理。地方分权的课程管理定位更强调课程对地方课程资源和发展情况的“适应性”，要从当地实际条件出发，在满足当时教育和课程发展需要的前提下协调国家课程与地方课程以及地方与学校、教师之间的课程和利益关系。

地方分权定位下的课程管理模式实际上是课程权力的层级下放，这种下放的形式在充分利用地方课程资源、满足地方课程需要以及调动地方课程发展积极性方面无疑具有进步的意义，也更能满足学生对课程的需要。然而，相对于中央集权下的课程权力管理，地方分权的模式需要考虑到不同地区的课程差异，包括课程资源、经济社会条件以及课程师资等因素，对于条件比较差的地区，不能盲目勉强地进行地方形式的课程管理，否则会造成更大的课程负担。

4.1.2.1.3 学校自主定位下的课程权力

与地方分权的课程管理模式相类似，学校自主定位下的课程权力模式被看作中央集权课程权利的进一步下放。表现在各个学校根据本校的课程资源和师生特点，从学校课程的实际出发，以“特色性”和“校本性”为基础，调动社会课程资源，发展具有学校特色的校本课程形式。

学校自主定位的课程模式能够充分调动学校课程发展的积极性，实现具有学校特色的课程风格，在充分调动教师和学生积极性的基础上利于学校课程开发水平的提升，在某种意义上也有利于课程民主化的实现。但这种课程定位模式同样面临地方分权模式的问题，即需要充分考虑不同学校的条件差异，学校课程资源以及师资投入等都将直接决定这种课程权力模式的运行，应该在尊重学校差异化的基础上充分发掘特色课程资源，以校本课程开发为主要形式赋予教师充分的课程权力。

4.1.2.1.4 课程共有定位下的课程权力

课程共有定位是基于上述三种权力定位分析以及课程发展的现实基础提出的，从课程权力的定位来看是为了避免课程权力的过度集中以及充分发挥课程权力在国家、地方以及学校层面的权力效应。其含义主要包括三个方面：一是指表面意义上的课程共有；二是“超越论”在制定课程政策上的价值观诠释；三是课程共有模式为新的课程政策制定方向。

课程共有模式下的课程管理目标是在保证课程权力下放的基础上，形成国家、地方和学校三级课程管理体系中良好的课程关系，这种良好的课程关系同时又体现在教育行政管理部门、课程研究者以及教师、学生和家长之间在课程施行过程中的和谐共存，改变传统课程发展过程中上层高度集权，中下层被动执行的尴尬局面。“超越论”的课程价值观即在融合国家集权课程的“统一论”、地方分权课程的“适应论”以及学校自主课程的“特色论”的基础上改变集权与分权二元对立的课程制定和决策局面，使“课程共有”成为课程权力下放的政策导向，也只有这种形式才能充分调动各个课程主体的积极性，形成课程决策、课程开发和课程运行的良性循环。

#### 4.1.2.2　课程权力界说

课程权力，从概念内涵上看是各方权力主体依照自身的资源和能力对另一方施加影响以获得利益及价值实现的特殊影响力；而从概念的外延上看，课程权力既包括国家层面的宏观权力形式，也包括权力主体的能力、话语权等内部微观权力形式。

通常情况下，课程权力被看作一种权威性的力量，教师依靠这种力量在课程领域获得特定的结果，这其中主要包括课程决策过程的参与权、课程开发权、课程实施权以及课程评价权等。

### 4.1.3　体育教师课程权力

通过对权力以及课程权力的上述分析，我们把体育教师的课程权力看成一种在体育课程方面可以依靠权威力量而造成的某种结果。体育教师课程权力作为教师权力类型的一种，具有权力特征的一般属性和特殊属性。

首先，体育教师课程权力的特殊性表现在它的不能随意给予，需要经过人们价值观念的确认以及相关法律、政策、法规等的规定才得以存在，即具有合法性。其次，由于体育教师在教育过程中的对象具有主观能动性，因此体育教师课程权力需要得到权力客体，即学生的确认才能得以实现，即体育教师课程权力的权威性。

教师课程权力的概念被提出之后，并没有一个统一的界定，总结过往研究有如下几种说法：一是指教师对课程所拥有的可支配的能动力量，而这种力量只有在现有教育法规和国家课程政策的允许范围内才得以实现；二是指教师能够参与实施课程改革的权力，这往往是基于国家课程政策的规定；三是指教师在进行课程开发、课程研究以及课程实施过程中对课程具有的权力，这里所指的权力以课程改革和师生关系作为课程活动基础。鉴于体育教师在课程活动以及体育教学过程中的特殊性，笔者认为上述第一种说法更能说明体育教师课程权力的含义。

## 4.2 结构之解——体育教师课程权力结构解析

### 4.2.1 权力主体

权力有自己的载体，即权力主体，它既是权力的建构者，又是权力的行使者。从某种意义上说，所有与课程有利害关系的人员均有参与课程领导的必要和权力，成为课程权力主体。①

从课程权力细分的基础上我们发现，不应该单纯地追求体育教师应该拥有哪些课程权力，因为不同的课程权力的性质不同，这就决定了不同性质的课程权力应该由不同的权力主体掌握并行使。因此，在此意义之上课程层级应该作为分析教师课程权力的维度之一。约翰·I. 古德莱德被认为是杜威教育思想的继承者，是美国当代最有影响力的教育理论家和研究者之一。在课程设置方面，古德莱德认为课程应该划分为五个层次，即五种不同的课程形态，分别是：①“理想的课程”（ideological curriculum），是指通过相关研究机构、科研团体以及课程专家共同研究并制定的根据需要开设的课程，此类课程的影响力在于是否能被政府和教育主管部门采用并实施；②“正式的课程”（formal curriculum），是大多数人理解概念上的课程，是指教育行政部门规定的课程设置、课程计划以及教材等；③“领悟或理解的课程”（perceived curriculum），是指任课教师基于对正式课程的不同理解而生成的课程形式，这种课程取决于基层任课教师对正式课程的理解和领会，由于不同的教师对正式课程的理解不同，容易造成在某种程度上领悟或理解课程与正式课程的偏差；④“运作的课程”（operational curriculum），是指在实际教学过程中实施的课程，鉴于教师理解课程的差别，实践中的运作课程与教师的理解课程也存在一些偏差；⑤“经验的课程”（experiential curriculum），是指学生在实际参与中体验到的课程内容，体现了学生获得经验的过程，是一个从宏观到微观，从抽象到具体的描述。因此，在课程层级的框架下，不同层级中的课程

---

① 蒋建华. 知识、权力、课程——政策视野中的课程研究［M］. 北京：教育科学出版社，2010：195.

权力应该加以区分。

在社会单一化的表现下，国家对课程的集权和计划管理在体育课程领域得到充分的体现，当时课程领域的权力主体问题并不鲜明，随着“国家、地方、学校三级课程管理”体系的深入发展，国家在体育课程管理方面的权力逐步向社会和个人转移和分化，在此基础上，权力主体问题逐渐成为体育课程中的突出问题。

参与课程改革和课程活动的一切个人和组织应该被视为哲学推演过程中课程权力的逻辑主体，这便出现了体育课程权力主体泛化的问题。国家统一开发课程的形式长时间存在于我国的课程发展过程中，基本表现为中央集权制的形式。直到国家施行基础教育课程改革之后这一状况得到改善，然而，由于教学计划、教学大纲和教材的全国统一性，造成了“课程”这一概念在我国教育体系中的结构性缺失，大部分中小学体育教师在体育教学过程中并未意识到“体育课程”这一概念，甚至“课程”被窄化为教学内容。基层体育教师在整个课程管理过程中，仅仅参与到体育课程实施和体育课程评价的活动中（图4－1），并表现为对体育课程教学大纲的简单执行和复制，以及运用既定标准对学生体育课程的学习进行测试和评价。

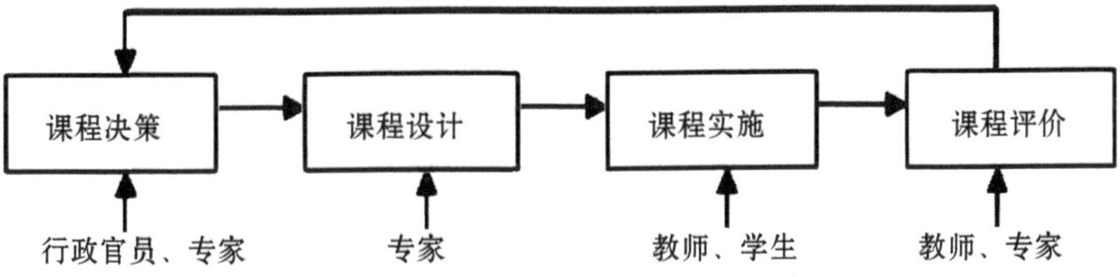


图4－1　课程编制过程的参与主体（任娟，2010）

21世纪之初的新一轮基础教育课程改革是在大课程观的指导下从课程目标、内容到课程结构、实施以及评价的全方位变革。“国家、地方、学校”三级课程管理理念的提出和实行，使国家部分课程管理的权力下放到社会和学校，基层体育教师更多地参与到课程管理过程中的各个环节，并拥有了更大的专业自主权，实现了体育教师从课程边缘走向中心，从被控制走向自主，体现了体育教师在体育课程权力中的主体性（图4－2）。①

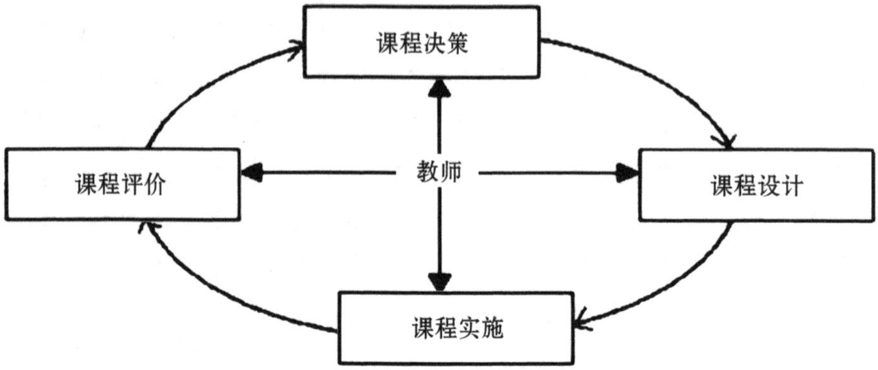


图4－2　教师作为权力主体全程参与课程管理过程（任娟，2010）

### 4.2.2　集权性质

我国新一轮课程改革的重要举措之一表现在施行“国家、地方和学校”三级课程管理模式，在此模式下的国家课程、地方课程则可以被看作课程层级中的理想课程和正式课程。

国家课程是在我国教育人才培养目标的指导下设置和规定的，体现了我国教育层面的国家意志，具有统一性和规范性。国家课程的主要内容包括全国统一的教学大纲或课程标准以及根据教学大纲和课程标准编制的教材。国家课程是国家对学校课程的控制和掌握，实际上体现了国家权力机构对教育资源和权力的组织和分配。国家课程的开发与建设表现在国家教育行政部门组织专家统一决策、编制以及自上而下的施行等方面。

地方课程是在国家规定的各个教育阶段的课程计划范围内，由省一级的教育行政部门或由其授权的教育主管部门，依据当地的政治、经济、文化等发展的实际需要而开发的课程。其主要形式表现在地方权力机构对地方教材的编写指导和审定环节上，相当于地方获得国家下放的部分课程权力，形成地方课程，而这种类型的地方课程是介于国家课程和学校课程之间的一种课程形式，地方权力机构

① 任娟，袁顶国．教师课程权力实现的现实困境与保障机制研究［J］．基础教育，2010（9）．

成为地方课程建设的权力主体，形成课程建设的地方化，这也标志着课程权力赋予方式、教育资源分配形式以及课程权力主体在课程改革过程中的转变。

学校课程是学校在执行国家课程和地方课程的基础上，在对本校学生需求进行科学评估的基础上，充分挖掘和利用当地和本校的课程资源，以学校和教师为课程建设主体而开发的灵活多样的可供学生选择的校本课程形式。这是课程决策权、课程开发权和课程管理权等课程权力下放到地方以后，地方又赋予基层学校相关的课程自主权，是课程权力转移到学校和教师身上的过程，采用“实践—评价—开发—反馈”的校本课程模式。整个过程实际上是课程改革进程中学校课程自主权和教师专业自主权的兑现和加强。

### 4.2.3 权力制衡

在我国课程发展的历史进程中，尤其是施行国家、地方和学校三级课程管理模式之前，很长一段时间里国家课程在课程体系中占据绝对统治地位，课程资源以及相关课程权力也集中在国家和地方行政部门，作为基层课程参与部门以及课程实施主体的教师所享有的课程权力微乎其微，学校以及基层教师更多地是受到上级主管部门督导式的管理，这种现象在教育改革的社会现实背景下愈加突出，课程改革过程中课程结构的调整、课程内容的变化等使基层教师的教学变得更加紧凑，教学负担也越来越重，这使得教师不得不疲于应付理想课程和正式课程，增加了工作量的同时却减弱了对课程的实际控制，结果导致教师更像是生产线上的教书匠，这种权力集中的后遗症严重地削弱了课程改革的影响和效果。

## 4.3 权力之源——体育教师课程权力溯源

### 4.3.1 从“迷失”到”“共有”——我国体育教师课程权力的历史考察

中华人民共和国成立以来，我国中小学体育教师课程权力的发展是伴随着国家基础教育课程改革和《中小学体育与健康课程标准》（教学大纲）的修订和完善而发展起来的，探寻中华人民共和国成立以来我国中小学体育教师课程权力的发展对于我们了解学校体育教师课程权力的历史沿革和发展规律，指导新时期体育教师课程权力在合理合法范围内的赋予及有效运行具有一定的历史借鉴作用。

通过对体育教师课程权力历史阶段的划分能够更清晰准确地发掘体育教师课程权力发展的历史节点和时代意义，对于我们研究体育教师课程权力的规律总结也大有帮助。中华人民共和国成立以来，我国先后进行了八次基础教育课程改革，参考赵虹元的相关研究，这一时期可划分为四个阶段：改造旧教育和中华人民共和国成立后教育探索阶段（1949—1977 年）；构建具有社会主义特色教育的起步阶段（1978—1985 年）；全面建设社会主义教育阶段（1986—1993 年）；面向 21 世纪的拓展深化教育阶段（1994 年至今）。① 在这个时间序列上，我国先后颁布了九次《中小学体育与健康课程标准》（教学大纲），参考党玮玺相关研究，将这一时期划分为三个阶段：国家集权决策模式发展阶段（中华人民共和国成立初期至 20 世纪 70 年代末期）；国家、地方二级决策模式发展阶段（20 世纪 70 年代末期至 90 年代中期）；国家、地方、学校三级决策模式发展阶段（20 世纪 90 年代中期至今）。② 本文以中华人民共和国成立以来我国基础教育课程改革和《中小学体育与健康课程标准》（教学大纲）的颁布作为时间依据，以这两部分沿革作为历史主线对体育教师课程权力的发展进行阶段划分。

4.3.1.1 课程单一集中管理时期（1949—1976 年）

中华人民共和国的成立标志着我国进入了一个新的时代，也意味着中国的教育和体育事业进入了一个全新的发展时期。1949 年 9 月 29 日，《中国人民政治协商会议共同纲领》在中国人民政治协商会议第一届全体会议上通过，其明确指出“中华人民共和国的文化教育为新民主主义的，即民族的、科学的、大众的文化教育”，并明文规定“提倡国民体育”，③ 为改造旧学校体育、建设新学校体育指明了方向，体育教育作为文化教育的重要组成部分也迎来了新的发展机遇。

1949 年以前的学校体育体制是 20 世纪初期仿照日本以“兵式体操”为主要内容的“军国民体育”体制，美国的“自然体育”思想在五四运动以后一直到中华人民共和国成立初期逐渐成为我国学校体育的主导思想，尽管政府和教育行政部门在这段时间很重视学校体育的发展，也曾颁布过一些规章制度，但在体育教学的规范和统一方面始终不尽如人意。许多对这一时期学校体育的研究将其称为“无头无尾的教学”，所谓无头，即学校体育的目标不明确，并没有明确规定各个年级的体育教学目标是什么以及各年级的体育教学目标有什么不同等；所谓无尾，即欠缺对学校体育教学结果的总结，对学生参与体育教学活动的结果没有具体的

① 赵虹元．基础教育教师课程权力研究［D］．重庆：西南大学，2008：62.

② 党玮玺．建国以来我国体育课程决策权力变化研究［D］．兰州：西北师范大学，2007：18.

③ 何东昌．中华人民共和国重要教育文献（1949—1975）［M］．海口：海南出版社，1998.

分析说明，对教学过程中存在的问题没有相应的评价及反馈等。①

中华人民共和国成立以后，由于全国上下对苏联模式的全盘借鉴，欧美学校体育的思想和内容都受到了各界的批判，抗美援朝时期这种对美国教育以及学校体育内容的全盘否定达到前所未有的程度。当时《新体育》就曾发表文章呼吁，要“彻底认清美帝，消除盲目崇拜美国体育的错误思想，肃清反动堕落的美国体育道德作风对中国的残余影响”。② 在体育教师课程权力方面，以苏联为代表的社会主义阵营被看作我们所要学习和依靠的友邻，国家也采取了向苏联社会主义阵营“一边倒”的方针政策，于是我国体育课程的发展，也引进了苏联中央集权模式下的单一体制，即体育课程开发和编制的唯一权力主体是中央教育行政部门，负责全国体育课程方案及相关政策的制定实施，体育课程主要依赖国家力量开发，体育课程权力集中于中央政府，体育课程的相关研究基本不涉及体育课程权力主体的问题。

中华人民共和国成立初期，我国的学校体育教学基本处于“放羊式”的状态，没有全国统一的教学大纲和教材，教学过程中体育教师大都依赖自己的知识储备进行教学，即会什么就教什么。体育课程和教材建设大概经历了两个阶段，即国民经济恢复时期为制订统一的体育教学大纲、教材做准备阶段和大规模经济建设开始时期为各级学校制订统一的体育教学大纲和教材阶段。自 20 世纪 50 年代初到 1976 年“文化大革命”结束这一阶段，国家制定了一系列有关中小学的体育课程政策。从整个过程来看，体育课程标准（教学大纲）的变动较为频繁，曾先后颁布了 3 次小学体育课程标准（教学大纲）和 2 次中学体育课程标准（教学大纲），这些体育课程标准（教学大纲）比较详细地规定了体育课的教学内容，其中必修内容占据了绝大部分。在一些大纲中也考虑到地域的特殊性和学校的差异性，如 1956 年颁布的《小学体育教学大纲》（草案）在说明部分指出，在气候特别寒冷的地区，教育厅（局）可根据大纲的精神，编订统一的补充教材，③ 同年颁布的《中学体育教学大纲》（草案）中把教学内容做了基本教材和补充教材的区分：全

① 党玮玺. 建国以来我国体育课程决策权力变化研究［D］. 兰州：西北师范大学，2007：6.

② 伍绍祖. 中华人民共和国体育史（1949—1998）综合卷［M］. 北京：中国书籍出版社，1999：24－25.

③ 课程教材研究所. 20 世纪中国中小学课程标准·教学大纲汇编：体育卷［M］. 北京：人民教育出版社，2001：38.

国中学必须贯彻执行的教材就是基本教材；为适应地区气候不同、各地中学体育发展不平衡或其他条件而编订的特殊教材是补充教材。两部大纲虽然提出了适于差异性选择的补充教材，但都没有规定具体的教学时数，形式上表现出安排项目内容过多和要求过死的特点，还显得灵活性不够。① 所以这一时期体育教师课程权力大都是中央政府统一模式下的集权行为。这一时期，“国定制”一直是教科书编制与发行方面普遍采用的形式，体育教材的编写和发行都是在国家主体课程决策权力统一控制下进行运作的。这些事实充分说明，这一时期，中央教育行政部门掌握了全部体育课程方面的权力，地方、学校以及基层教师在课程权力方面基本没有发言权。

1957 年 3 月，毛泽东在与七省（市）教育厅（局）长的谈话中强调，教材要有地方性，应增加一些乡土教材。这是中华人民共和国成立后试图改变国家课程一统天下局面的最早的观点描述，② 这一观点的提出反映了毛泽东同志对当时教育国情的科学把握，也是对我国体育课程权力下放的指导性意见。1958 年 8 月，中共中央、国务院发布的《关于教育事业管理权力下放问题的规定》中指出，在课程体制上，各地方根据因地制宜、因校制宜的原则，可以对教育部和中央规定的教材进行修订补充，也可以自编教材和教科书。③

1958 年在全国各行各业掀起“大跃进”运动的同时，体育领域也掀起了“大跃进”，同年 10 月，国家体委和教育部在总结交流各地“体育大跃进”的情况后提出：要紧跟全国工农业大跃进的形势，争取更大的跃进，年底以前，除病残者外中学生应全部达到 1958 年 10 月正式颁布的射手标准，小学生全部达到《劳动卫国体育制度》规定的少年级或少年级运动员标准。④ 1961 年颁布施行的《中学体育教材》中规定选用教材占到 20%，这反映了教材的灵活性在我国体育课程的初步显现，也是国家层面在体育课程权力下放过程中的首次尝试，但由于当时对于课程权力下放的认识和准备不足，加之“大跃进”政治背景的影响，造成了体育课程政策由中央统一集权走向初步分权的过度偏激，在很大程度上打乱了正常的

① 李晋裕，滕子敬，李永亮．学校体育史［M］．海口：海南出版社，2000：24.
② 陈玉琨，沈玉顺，代蕊华，等．课程改革与课程评价［M］．北京：教育科学出版社，2001：61.
③ 刘英杰．中国教育大事典 1949—1990（上）［M］．杭州：浙江教育出版社，1993：374.
④ 李晋裕，滕子敬，李永亮．学校体育史［M］．海口：海南出版社，2000：58.

体育教学秩序，使体育教学质量受到了一定的影响。“大跃进”之后，国家总结了相关的经验教训，又加强了对基础课程的统一管理，提高了对体育教学的要求，也体现了体育课程权力高度集中制的特点。

1963 年，中共中央颁布实施的《全日制小学暂行工作条例》（草案）规定：“全日制小学必须根据中华人民共和国教育部统一规定的教学计划、教学大纲和教科书进行教学”“对教学计划、教学大纲和教科书，地方教育行政部门和学校不得任意修改，如果确有修改的必要必须由省、市、自治区教育行政部门报教育部批准。各地教育行政部门、学术研究机关、学者也可以根据教育部颁布的教学计划、教学大纲编写教科书。经过教育部审定，可以推荐全国采用。”同时颁布的《全日制中学暂行工作条例》（草案）也明确规定：“教师备课以个人钻研为主，除教学内容应该按照教科书统一要求外，教学方法不应该强求一律。”这是国家维护体育教学计划、教学大纲、体育教材、体育课程内容权威性的有力举措，同时也是国家对体育课程决策权力有力控制的重要体现，使体育课程决策权力牢牢地控制在国家权力主体上。

1966 年起，在“文化大革命”运动的冲击下，全国学校很快陷入一片混乱。到 1966 年底，各级教育行政领导部门、学校教学行政管理和教学活动相继瘫痪。全国大中小学全部“停课闹革命”，学校教学秩序荡然无存。此时，我国的体育课程陷入了混乱的局面。在此期间，体育课演变为军事体育课（简称为军体课）。全国各地编写军体课教材以保障军体课教学的开展。由北京、天津、浙江、陕西、辽宁、甘肃、山西、河北、青海、河南、江西等省、市编写的军体课教材相继出版发行。军体课教材内容包括队列练习、射击、刺杀、投弹、防空基本知识、过障碍、行军和爬山、游泳、爬绳、徒手体操、技巧、单杠、双杠、支撑跳跃、篮球、足球、排球、乒乓球、跳跃、铅球、武术（军体拳）、体育锻炼卫生常识等。① 1971 年以后，各级各类学校的日常教学活动逐渐恢复。军体课没有教学大纲和教学计划，被上成了自由活动课、球类课。② 这种状况一直延续到 1976 年“文化大革命”结束。

---

① 李晋裕，滕子敬，李永亮．学校体育史［M］．海口：海南出版社，2000：88.

② 伍绍祖．中华人民共和国体育史（1949—1998）综合卷［M］．北京：中国书籍出版社，1999：184.

这一时期我国体育课程权力处于混乱阶段，学校体育课教学工作基本由军人来承担，体育教师大部分下岗或待业，体育课程教材内容主要以步兵基础训练为主，辅以部分体育课程教材内容。

4. 3. 1. 2　课程调整下的权力萌芽时期（1977—1984 年）

“文化大革命”结束后，我国基础教育进入全面恢复和重建时期，这一时期基础教育的主要目的是提高学生的素质，提高教育质量。

1977 年，邓小平在主持召开全国科学教育工作会议时强调，要编写全国通用的中小学教材，并要求教材能够在 1978 年秋季新生入学时出版使用。1978 年，教育部颁发了《全日制十年制学校中小学各科教学大纲》（试行草案），将全日制中小学学制统一规定为十年，并组织专门教材小组编写全国通用的十年制中小学各科教材，这也成为中华人民共和国成立以来的第五套中小学教材。但是通过 1978 年颁布的《全日制十年制学校小学体育教学大纲》（试行草案）和《全日制十年制学校中学体育教学大纲》（试行草案）两部大纲可以看出，教学大纲（课程标准）中同时出现了关于选用教材的规定，而且对选用教材做了教学时数的安排，并明确规定“选用教材是在完成基本教材的前提下，根据各地具体情况灵活选用的”。大纲并没有对教学时数比例占 20% ~30% 的选用教材内容做出具体规定，从体育课程管理方面来说，这就要求地方教育行政部门和学校根据本地区、学校的实际情况对其做出选择和决策，本文研究认为这一转变虽然不是完全意义上的体育课程的分级管理，却是体育课程决策权力下放的开端。

这个时期随着我国政治体制改革的不断深入，经济体制也逐步完成从计划经济向市场经济的转型，虽然课程权力在国家实行政府机构改革的同时，逐步下放到地方层面，但课程权力在学校层面仍然没有多少涉及。这一时期的特点主要有过渡性和局限性两个方面。

4. 3. 1. 3　课程改革下的权力探索时期（1985—1995 年）

1985 年颁布施行的《中共中央关于教育体制改革的决定》明确规定了对学校管理“简政放权”“分级管理”的原则，这一规定对教师课程权力的发展和变化产生了深远的影响，在某种意义上被看作我国体育课程权力由国家、地方到学校、教师的权力下放的开始。随后 1986 年颁布实施的《中华人民共和国义务教育法》明确规定：“义务教育事业，在国务院领导下，实行地方负责、分级管理。”这标志着地方作为我国体育课程决策权力主体的正式确定，也标志着中华人民共和国成立以来我国体育课程决策权力第二次下放的全面启动。

1986 年 9 月，全国中小学教材审定委员会成立，标志着我国体育教材和体育课程“一纲多本”的开始，反映了我国体育课程“国家、地方决策模式”的逐步形成。1987 年 1 月，国家教委颁发了新修订的《全日制小学体育教学大纲》（六年制）和《全日制中学体育教学大纲》（六年制），是以 1978 年教育部制定并颁发的十年制中小学体育教学大纲为基础修改而成的，是九年义务教育体育教学大纲编订出版前的过渡性大纲，经全国中小学教材审定委员会审定通过。本文通过对 1987 年颁布的两部体育教学大纲研究分析发现，新大纲在 1978 年大纲的基础上选用教材的时数比例出现了大幅度的增加，而且将选用教材内容小学部分规定为各地区要根据本大纲确定的选材原则，结合本地实际情况自行编选，中学部分则规定了三个部分教材的选用内容。所以本文认为在 1987—1992 年期间先后颁布的 7 部中小学体育教学大纲中，选用教材的决策权力明确下放到地方教育行政部门，再没有向其他各主体延伸。

1992 年，《九年义务教育全日制小学初级中学课程计划》（试行）中明确提出了地方课程的概念，要求由地方政府规定统一的课程计划和教学大纲，教材实行“一纲多本”。根据这一要求，全国近 20 个省、区、市编写了体育课教材和参考书，这些教材在继承传统经验的基础上都有所创新和发展。如浙江省编写的教材，把体育与卫生保健结合在一起，统称为体育与保健。教材除按每节课设立一个主题，围绕主题安排教学内容的“主题式”编排外，还采用了按教学内容逐课安排的“课序式”编排和以不同的内容组成不同的单元、自行搭配的“弹性搭配式”编排等。

这一时期国家开始实行教育体制改革，提出义务教育要在国务院领导下，实行地方负责、分级管理，这标志着地方作为我国体育课程权力主体的正式确定，也标志着中华人民共和国成立以来我国体育课程权力第二次下放的全面启动。

#### 4.3.1.4 课程权力调整下的分权时期（1996—2000 年）

1996 年颁布施行的《全日制普通高级中学课程计划》（试验）中明确规定，学校应该“合理设置本学校的任选课和活动课”“普通高中课程由中央、地方、学校三级管理”。在同年颁布的《全日制普通高级中学体育教学大纲》（供试验用）

中出现了由学校进行决策的限选内容（占总时数的25%）和任选内容（占总时数的20%）。

1999年，在第三次全国教育工作会议上确定了“国家课程、地方课程与学校课程”三级课程模式，这标志着我国基础教育课程的部分权力进一步由地方下放到学校。同时，《中共中央国务院关于深化教育改革全面推进素质教育的决定》中规定，要“调整和改革课程体系、结构、内容，建立新的基础教育课程体系，试行国家课程、地方课程和学校课程”。

2000年1月教育部颁发的《全日制普通高级中学课程计划》（试验修订稿）在课程管理上明确规定：普通高中课程实行国家、地方和学校三级管理体制。同年颁布的九年义务教育全日制小学、初级中学和普通高级中学《体育与健康教学大纲》（试验修订版）三部教学大纲中都提出了由学校决策的限选和任选内容。自1996年以来，我国体育课程逐步形成了“国家、地方、学校决策模式”，我国体育课程决策权力第三次下放也由此正式开始。

这一时期随着国家课程权力的进一步下放，形成了国家、地方、学校三级课程管理模式，基层学校和教师开始真正拥有并施行在体育课程方面的权力。

4.3.1.5　深入改革下的权力共有时期（2001年至今）

本时期主要是课程改革的深入阶段，以2001年6月国家颁布的《基础教育课程改革纲要（试行）》为标志，在课程实施、课程内容、课程评价等方面明确了国家、地方和学校三级课程管理的思想。之后，2011年颁布修订的《中小学体育与健康课程标准》，标志着体育教师的课程权力真正走进权力共有的发展时期，基层体育教师在参与课程改革的同时，在课程实施、课程开发以及课程评价等方面拥有了基本的权力。

从体育课程的历史发展来看，传统的大教学观思想对我国体育教师的课程权力意识影响深刻。在课程内容方面，从古代“六艺”到近代“兵操”，体育教师往往是整个课程开发和课程实施过程的主导者，承担着课程内容选择和课程执行的双重职责。随着社会的发展需求不断改变，教育也更加专门化，这直接导致了教师与教育管理者的初步分工，体育教师作为课程内容选择者和实际教学实施者的双重身份开始逐渐分离。

随着20世纪教育理论以及课程理论的快速发展，出现了专门的课程决策机构、课程研究组织，基层教师逐渐沦为依据课程理论、行政指导及课程决策结果进行教学的课程实施者。在自上而下的行政层级课程模式下，处于权力最底层的教师往往只看到教学看不到课程，缺乏对课程的积极创造，课程权力意识愈加淡薄。这种课程模式造成了课程理论和课程决策结果基本忽视基层教师对课程思想的理解、接受和执行。久而久之，教师习惯于这种消极适应和被动接受的模式，自然而然地将自己的教学任务定义为对新课程的教学，很少涉及对课程发展和课程理论的思考，形成了非常淡薄的教师课程权力意识。

### 4.3.2 从“防教师”到“赋权予教师”——教师课程权力的国际发展

教师是否应该获得课程权力这一问题大概经历了从“防教师”到“赋权予教师”的转变。

早在20世纪60年代，以英国、美国为代表的西方发达国家经历了一场长达十年的课程改革运动，最终未能实现预期的改革目标，这引发了广泛的批评与反思。究其失败的原因，研究者们发现其中很重要的一点是错误地采取了“防教师”的课程发展策略。“防教师”的课程发展策略是起源于早期科学主义课程开发范式的一种课程发展策略，是指由课程研究者和课程专家清晰地界定课程所预期达到的目标，并程序化、标准化地规定达成课程目标所需要的课程材料，进而要求基层教师按照既定的步骤和预设的材料，实现课程研究者和课程设计者预期的课程目标和意图。这种课程发展策略在保证课程的专业开发和总体规划方面具有一定的现实意义，但人为地割裂了基层教师与课程之间的联系，把所谓的课程专家和研究者置于课程权力的顶端，将教师排除在整个课程开发过程之外，这显然不利于课程开发的良性发展。

20世纪70年代以后，课程研究者们发现，基层教师在课程发展方面的实践经验、创造能力是客观存在的，并且有必要在相关教育活动中加以展现，于是人们开始关注“实践中的课程”。如美国的课程理论家约瑟夫·施瓦布提倡以“科学探究”为核心的课程改革，他在质疑泰勒原理试图寻找一种普适性的课程开发模式的基础上提出了“实践的课程观”这一观点。英国现代课程著名专家劳文斯·斯坦豪斯依照他在课程改革过程中的实践经验提出了课程开发的“过程模式”，并进一步指出“没有教师就没有课程”，这也初步确立了中小学教师在课程开发与实施中的地位和作用。这些课程研究者与“行动研究”（action research）的提倡者一起为认识基层教师在课程开发方面的价值做出了历史贡献。

从20世纪80年代开始，随着研究者们对课程论以及组织学的进一步研究，“赋权予教师”的问题引起了普遍关注，同时也出现了许多新的课程观念。如格兰迪提出“课程即实践”，康内利提出“课程即经验”等观点。这些课程观点的提出从基层教师与课程发展的关系来看进一步提高了教师参与课程发展的合理性。这一时期美国的卡耐基教学专业工作组、霍姆斯教学工作组等教学研究组织相继做出报告，强调要通过提高教师的力量以及教学专业化水平来改进学校教育的状况，更加注重包括教师在内的学校内部因素对教育质量提高的影响，也由此引发了教育改革的“第二次浪潮”。

“赋权予教师”与组织学中关于参与管理的观点密切相关，在许多现代企业组织中，由于受到科层管理体制的影响而陷入过度专门化的境地，员工更多的时候被看作企业的“工具”和“机器”，从而导致工作积极性不高、效率低下。针对这种情况，企业管理界开始认识到让普通企业员工亲身参与到与他们工作相关事务的决策中会明显提高员工的工作积极性和效率，进而提高企业的产品质量和效益，这便需要强调普通员工的赋权与增能①。这一企业组织的理论引发了关于基层教师参与课程决策的理论设想和实践尝试，也为教师课程权力的研究提供了理论参照。有教师课程权力研究学者提出“教师课程创生”的命题，指出教师在整个课程运作过程中（包括课程决策参与过程、课程开发过程、课程实施过程以及课程评价过程等），都应该根据自己的能力、知识经验、学生的实际情况以及学校的现实条件等，利用多种课程资源，自主创设课程目标、课程内容等。②

### 4.3.3 新课改之诉求——课程改革背景下体育教师课程权力的新释义

#### 4.3.3.1 教育改革对教师角色转变的现实诉求

教师角色转变在教育改革尤其是课程改革的进程中主要表现出两个方面的转变内容。

一是教师由非专业人员向专业人员的转换。教学是否是一项专业工作，教师

---

① 操太圣，卢乃桂．教师赋权增能：内涵、意义与策略［J］．课程．教材．教法，2006（10）：78－81.

② 李小红．教师课程创生的缘起、涵义与价值［J］．教师教育研究，2005（4）：24－28.

可否被看作专业人员的问题早已成为教育研究领域的热点问题在许多国家展开，教学作为专业化工作、教师作为专业性人员已逐步被认可。早在1966年，联合国教科文组织就在《关于教师地位的建议》中指出："应把教学视为专业的职业。"①这也成为关注教育领域教师专业化问题的起点，之后教师专业化问题受到欧美国家的高度重视。其中，1986年美国的卡耐基教学专业工作组以及霍姆斯教学工作组在他们的研究报告中将教师专业化看作是提高教育质量的前提和保障，使美国一度走上以专业化促进教师发展的教育改革道路。

时至今日，在美国几乎所有的教育改革都是为了直接或间接地影响教师的专业能力。在促进教师专业化发展的过程中，"赋权予教师"成为人们普遍关注的话题，其主要内容之一就是创设专业化的教学环境，给予教师一定的专业自主权，这其中就包括课程决策的权力。② 教师只有获得一定的课程决定权，才能更积极地参与到课程开发特别是校本课程开发的过程中，扎根于教学和课程的发展。然而，过于详尽和限制性的课程标准一方面增加了教师的课业负担，另一方面也束缚了教师在课程方面的创新和发展。将包括课程决定权在内的一部分课程权力赋予教师，不但可以调动教师的工作热情和积极性，而且可以使课程容易被基层教师所理解。

二是教师从非研究者向研究者的转变。早在20世纪初期，杜威就提出教师在课程发展过程中的积极作用和贡献，并将教师视为有待开发的课程资源。然而在很长一段时间里，我们只将教育领域的专家、学者等专业教育科研工作者认定为教育研究者。直到20世纪70年代，欧美各国发起"教师成为研究者"的教育改革运动才使得杜威的认识得以认可。美国教育实践的代表人物施瓦布发起的"走向实践的运动"，建立了走向实践的课程范式，提出"教师即课程"、教师不再是课程之外的孤立者，而是作为课程的创造者和主体，是整个课程不可分割的组成部分。大概同一时期的英国，著名的课程论专家斯坦豪斯发起要求赋予教师教授者和研究者双重身份的"教师—研究者运动"。他提出参与课程的研究和发展是教

---

① 联合国科教文组织国际教育发展委员会．学会生存——教育世界的今天和明天［M］．华东师范大学比较教育研究所，译．北京：教育科学出版社，1996：103.

② Zeichiner M. *Contradictions and tensions in the professionalization of teaching and the democratization of schools*［J］. Teacher college Record，1990：363－379.

师的责任，教师的工作应该交由教师自己来研究，是一种基于客观现实条件的行动研究①。认为教师作为教学实践的主体理应参与到课程研究中去，如果没有教师的主动参与，没有教师根据课程实施原则和路径把正式课程转化为操作课程，任何教育改革都难以取得效果。到了20世纪80年代中期，这场国际化的教育改革运动发展到了高潮，促使人们重新认识到教师作为课程参与者和研究者的实践经验以及研究能力。这种实践者和研究者相结合的新角色要求教师摒弃传统的机械传授和被动接受的角色，真正成为教育改革和课程发展的理论创设参与者，这一理念的深入人心决定了基层教师必须获得课程权力并真正参与到课程改革中去。

从历史发展的角度来看，教师角色经历了由单一化向多元化的发展转变，教师与课程的关系从一体到分化再到融合，随着教育改革和课程改革的推进，教师在课程发展过程中的地位得以提升，这种转变发挥着不可替代的作用。教师由简单的课程实施者成为课程发展的研究者和参与者，这一角色的时代转变，为教师参与课程改革开辟了一条现实路径，同时也为教师的专业化发展创造了良好的条件。

基础教育改革要求体育教师对自己在体育教学过程中的角色进行重新定位。在体育与健康课程的活动过程中，体育教师不扮演消极被动地执行体育教学大纲和体育教材的角色，而是一个构建体育与健康课程的设计者。

#### 4.3.3.2 学校体育的发展需要

学校体育作为学校教育的重要组成部分，担负着提高学生体质、增进学生健康、使其掌握基本的体育知识技能、提高学生体育能力以及养成终身体育锻炼的良好习惯的任务。新时期的学校体育以“以人为本”“健康第一”和“终身体育”作为指导思想，其中“以人为本”的指导思想强调以学生个体为本，从学生的身心全面发展需要出发，强调体育教师在此过程中的指导地位。

赋予基层体育教师在课程决策参与、课程开发、课程实施以及课程评价等方面的权力，能让其更好地参与到整个学校体育课程活动的全过程中，更好地发挥基层体育教师的主体作用，完成以体育教学、课外体育锻炼为主要内容的学校体

① 这里的行动研究是为了弄清现场面临问题的实质，引出用于改善事态的行动，由现场人员和研究者协同进行调查研究，其最直接的目的在于改善实践，其核心是反思。

育活动，最终从内容完成层面进一步促进学校体育的科学发展。

4.3.3.3 体育与健康课程改革的要求

日本课程专家佐藤学曾指出："无论是作为'公共框架'的课程，还是作为学校'教育计划'的课程，在课堂情境中只能靠'教师的课程'——被每一个教师意图、解释、构想、设计所演绎的课程来发挥其现实的功能。"① 因此，体育教师作为体育与健康新课程改革理念的践行者以及课程实施的直接参与者，他们是否被赋予相应的课程权力以及能否做到课程权力实施和运作的合理合法，将成为课程改革目标能否有效实现的关键所在。

新的体育与健康课程标准提出全新的课程理念，认为课程不仅是知识，还是经验和活动，提出课程要面向全体学生，面向社会，面向生活，进行教学内容和教学方式的改革。基层体育教师作为践行新课程理念的实施者，享有充分的课程权力，有利于其合理合法地参与到体育与健康课程改革过程中，最终促进体育与健康课程的发展。

## 4.4 内容之维——体育教师课程权力的来源、内容与特征

### 4.4.1 体育教师课程权力的来源

体育教师课程权力的来源，即体育教师课程权力出处的问题。体育教师的课程权力从总体上可以分为两类：一是国家层面的合法性赋权，即相关法律、法规及政策调整的授权；二是教育改革与课程发展的理性授权，即课程发展过程中人们不得不依据的规律授权。

《中华人民共和国教育法》《中华人民共和国教师法》《中华人民共和国体育法》《学校体育工作条例》等国家相关法律、条例中对教师权力都有不同内容的规定和阐释，概括起来主要包括以下几个方面的权力：从事科学研究、学术交流，参加专业的学术团体，开展教育教学改革和实验，进行教育教学活动，在学术活动中充分发表意见，指导学生的学习和发展，评定学生品行和学业成绩；对教育行政部门的工作、学校教育教学工作、管理工作提出意见和建议，参与学校民主管理；参加进修和其他形式的培训等。这些权力看上去是对全部教师笼统的权力赋予，但实质上隐含了体育教师的课程权力，如教师的教育教学权、科学研究权、

① ［日］佐藤学．课程与教师［M］．钟启泉，译．北京：教育科学出版社，2003：212－213.

学生管理权等。体育教师在教学过程中就可以结合本专业的特点行使以下权力：第一，可以根据学校教学计划要求，结合自身授课特点，灵活地组织体育课程的教学；第二，可以依据《体育与健康课程标准》自主确定教学内容、方法以及进度，还可以进行小范围的教学改革和实验；第三，可以根据相关要求，对学生体育课堂的表现以及成绩进行客观公正的评价。

20 世纪 60 年代开始于英国、美国，历经十年的结构主义课程改革运动，最终并没有得到预期的效果，但却引发了人们对 20 世纪初期科学主义课程开发范式的“防教师”课程观的抨击，人们认识到，“防教师”的课程观人为地割裂了教师与课程之间的天然联系，通过内在的预设性完全控制了教师的课程实践，使得教师成为课程的“附庸”，课程设计者居于课程权力的最高层，完全决定程式化的课程开发和课程实施。其结果是，教师被排除在课程开发过程之外，课程实施指南成为控制教师的工具；教师处于课程权力的最底层，其专业职能萎缩为接受他人的课程指令、根据他人的意图实施课程以达到预设的目的。① 近年来，我国青少年的体质状况不容乐观，引起国家对青少年体质健康问题的高度重视，新一轮的体育课程改革旨在发挥学校体育功能，为青少年体质健康打好基础。

### 4.4.2　体育教师课程权力的内容

随着新课程改革的深入，许多相关研究领域的专家、学者发现，传统意义上的管理主义模式已不能满足课程的发展需要，应该提倡并发展“生成的课程观”。“生成的课程观”是指区别于既定的、一成不变的教育要素，与教师的教学经历、专业知识、教育理念、自身所处的社会环境、教育情境等相关联，可以灵活变更的教育要素。从“生成的课程观”的角度分析，体育教师的课程权力主要包括三个方面的内容：一是体育教师的课程实施权，即体育教师对课程由静态设计向动态实施的转化过程，整个过程突显了体育教师在课程设计和实施中的主体地位；二是体育教师的课程创设权，这种课程权力突出了“教师即课程”的理念，是体育教师依据自己的专业知识积累以及对国家课程和地方课程的理解，根据课程结构和学生需要改造并创设新的体育课程的权力；三是教师和学生共同参与课程的权力，突出“学生即课程”的课程理念，强调课程是一种反思性实践，教师在课

---

① 刘永林．论中小学教师的课程权力与制度保障［J］．课程、教材、教法，2005（6）．

程实施过程中应根据学生的实际需求以及对课程的理解，根据具体的实施情况，与学生一起对课程进行完善、补充及修正。

从体育教师课程权力的作用范围而言，应包括体育课程的计划、体育课程的标准及体育课程教科书，这也是体育课程内容的主要载体。依据这三个载体，体育教师的课程权力可表现为建议、编制和监督。相应地派生出体育教师的九种课程权力：课程计划的建议权、编制权、监督权；课程标准的建议权、编制权、审查权；课程教科书的建议权、编制权、监督权。从体育教师课程权力的作用过程来看，应包括决策、开发、实施和评价，由此派生出体育教师的课程决策权、开发权、实施权和评价权。

在体育课程的管理现实中，并不是上述每一项课程权力都能够凸显出来，根据我国“国家、地方、学校”三级课程管理理念的深入以及新一轮体育基础课程改革实践需要，我们认为体育课程管理应包括决策、开发、监督、实施和评价几个环节，相应地会凸显出体育教师课程决策权、开发权、实施权和评价权。

#### 4.4.2.1 体育教师课程决策权力

教师的课程决策属于课程决策层次中的学校课程决策，一般是指教师有权参与学校课程级别的课程事务与安排，包括课程的计划、课程时间、空间选择、课程研究等，从而选择一个合理的课程体系构造方案的分析、判断和抉择的权力。在权力性质上属于参与权和建议权，而非决定权。①

体育教师行使课程权力的方式一般分为个人参与和公共参与两种，前者主要是通过个人建议的方式；后者主要通过学校教职工会议、教研活动以及校本课程开发活动等形式实现。

#### 4.4.2.2 体育教师课程开发权力

“国家、地方、学校”三级课程管理体制推动下的基础教育改革在课程管理上进一步放权于地方和学校，而学校一级的课程管理最能体现这种权力的下放。学校一级课程开发权力的实现与否直接取决于教师课程开发权力能否有效开展，体育教师课程开发权力的实现主要表现为校本课程的开发。②

---

① 赵虹元．基础教育教师课程权力研究［D］．重庆：西南大学，2008：37.

② 孙冠鹏．普通高中教师课程权力研究［D］．济南：山东师范大学，2011，(6) 9.

因此，体育教师的课程开发权力可以表述为：教师为促进学生的全面发展，依据《体育与健康课程标准》的要求，结合学校和学生的实际情况，因地制宜、因校制宜地开发和利用自身资源形成校本课程方面的权力。

4.4.2.3　体育教师课程实施权力

体育教师课程实施权力最主要的表现形式是体育教学，是体育教师课程权力实现的基本途径。在中小学教育阶段，体育与健康课程在运动参与、运动技能、身体健康、心理健康与社会适应四个方面分别设置了相应的学习目标，并将学生的学习水平划分为四级标准，水平一至水平四分别对应 1 ~ 2 年级、3 ~ 4 年级、5 ~ 6 年级和 7 ~ 9 年级。考虑到学生在学习方面的个体差异，为满足学有余力的学生进一步发展的需要，体育与健康课程鼓励这部分学生进一步拓展和提高。这就给体育教师提出了更高的要求，在教学权力方面主要包括撰写教案的权力、教学内容选择的权力、教学方法运用的权力以及教学评价的权力等。

4.4.2.4　体育教师课程评价权力

新一轮体育与健康课程改革明确提出课程评价方面的要求：力求改变注重终结性评价而忽视过程性评价，改变过于强调选拔与甄别的功能，强化评价的激励和发展功能，发挥评价促进学生发展、教师提高和改进教学实践的功能。为了确保学习目标的达成和学习评价的可操作性，体育与健康课程提出了具体的、可观测的学习目标，把学生体能、知识与技能、学习态度、情意表现以及合作精神纳入学生成绩评定范围，并特别注意将运动参与、心理健康与社会适应两个方面的学习目标设置成易观测的行为表征，帮助教师更准确地对学生进行观察、指导和评价，促使学生形成良好的体育态度、心理品质和社会行为。

在此基础之上的体育教师课程权力是指体育教师在日常教育教学过程中通过对学生相关信息的收集，对学生、课程本身以及自身发展能力进行评价的权力。体育教师通过课程评价权力的实施发现问题，反馈到课堂教学和自身发展上，从而进一步完善课堂教学。

### 4.4.3　体育教师课程权力的特征

体育教师课程权力具有一般教师课程权力的共性，同时又表现出与体育课程和体育教学特点相关的特征，把握体育与健康课程标准和目标体系应该成为探讨体育教师课程权力的前提。鉴于体育与健康课程标准的颁布以及新的课程目标体系的建构，使得体育教学体系中的问题不断增多，而且变得复杂，体育教师在此基础上获得课程权力并对体育教学实际进行研究和设计显得更为重要。

体育与健康课程标准在体育与健康课程本身特点和功能的基础上，结合社会发展的要求和青少年身心发展的特点及规律确立了明确的课程总目标，并在总目标要求下将体育与健康课程划分为四个学习领域，每个学习领域均有各自相应的目标。同时根据学生的身心发展特征，中小学体育与健康课程标准又设立了六个学习水平，四个领域的目标按照处在不同学习水平中青少年的身心发展特点，递进呈现于六个水平级，构成水平目标。(图 4 - 3)

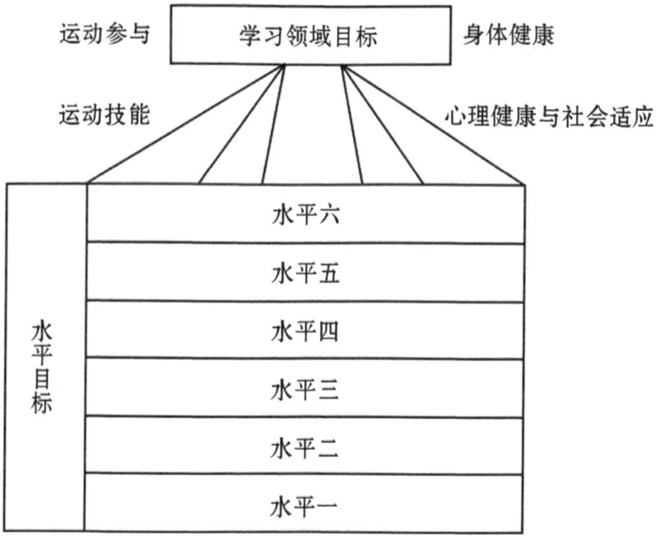


**图 4 - 3　体育与健康课程目标体系示意图**

从体育与健康课程目标体系示意图中我们可以清晰地看到在课程目标中领域目标和水平目标的关系。课程目标是指学生通过体育学习与活动所要达到的预期学习结果，是社会发展对体育与健康课程的总体要求和预期结果。领域目标是指在课程目标涉及的四个领域中（运动参与、运动技能、身体健康、心理健康与社会适应）学生应该达到的学习效果。各个领域目标的达成是整个课程目标得以实现的基本前提，而体育与健康课程目标的实现是一个系统工程，依托于长达 12 年的实施过程。各个领域目标细化到六个水平等级中构成水平目标。水平目标是指每一个学习领域层次上规定的不同年龄阶段的学生所要达到的学习结果。在日常体育教学过程中，体育教师为每堂体育课确立的教学目标是以教学对象所处水平级中的四个领域目标为依据的，并根据实际情况和学生的需要侧重于某个或几个领域来设计教学目标。

因此，在体育与健康课程的实施过程中，课程目标引领着整个体育教学活动过程，但是，体育与健康课程目标是一个宏观的总体性要求，而体育教学具有一定的特殊性，体育与健康课程中的多元化目标主要通过体育教学中最常用的基本手段来实现，故课程目标与体育教学行为之间不是线性对应关系。因此，解析、理解体育与健康课程的目标体系，将体育与健康课程宏观目标解析成为可观察的、可操作的，与身体练习、体育活动有直接联系的具体效果目标，为体育与健康课程目标的实现奠定基础、寻找途径，是体育教师必须开展的一项活动。

另外，体育教师进行体育校本课程的开发和研究也是不同于其他学科教师课程权力的又一明显特征。体育校本课程的开发需要体育教师在充分考虑学校地理条件、经费投入、师资条件、学生特点等若干因素的基础上，开发符合本校师生的、具有实际操作性的课程内容。

## 4.5 现状之实——体育教师课程权力的现状调查

采取对基层体育教师问卷调查以及对分管校长访谈的形式，对当前我国中小学体育教师对于课程权力的理解、运用等现状进行调查，在此基础上探寻问题的存在并归因。

### 4.5.1 体育教师课程权力现状调查的结果分析

#### 4.5.1.1 被试

分别选取济南市市辖区（包括市中区、历下区、槐荫区、天桥区、历城区）范围内的15所学校（包括5所小学、5所初中、5所高中）的163名体育教师作为问卷调查对象，其中小学体育教师41名、初中体育教师53名、高中体育教师69名。（选取济南市中小学体育教师作为被试主要是基于如下考虑：首先，山东省作为我国基础教育的大省，在基础教育相关工作方面处于全国中等偏上的水平；其次，济南市作为山东省的省会，其市区教育资源相对较为集中，区别于北京、上海等发达城市以及西部偏远落后地区，选取济南市作为被试地区无论在地域还是经济发展水平等方面都具有中等城市教育发展水平的代表性）

4.5.1.2 结果

描述性统计结果。

调查对象根据实际情况选择与各个题项的符合程度，分别从“完全不符合”到“完全符合”记1~5分。

如表4-1所示，从整个问卷的总平均分来看，达到了3.5131，表明被调查学校的体育教师总体上拥有一定的课程权力。从各因素的平均分来看，有三个因素达到了4分以上，分别是课程实施权力、体育课程权力价值和课程创生权力，说明在课程实施和课程创生方面体育教师拥有一定的权力，也能够认识到体育课程权力的价值所在。而在课程开发和课程决策方面的分值较低，特别是教师课程开发权力平均分只有2.3761，表明基层体育教师参与课程决策的权力令人担忧。

**表4-1 体育教师课程权力问卷描述性统计结果**

| 因素 | 平均分（*M*） | 标准差（*SD*） |
|---|---|---|
| 课程权力认知 | 3.3127 | 0.7528 |
| 课程决策权力 | 3.1278 | 1.1325 |
| 课程开发权力 | 2.3761 | 1.2275 |
| 课程实施权力 | 4.0834 | 0.8321 |
| 课程评价权力 | 3.3163 | 0.9436 |
| 体育课程权力价值 | 4.1769 | 0.6224 |
| 课程创生权力 | 4.1438 | 0.6627 |
| 学校内部环境 | 3.5014 | 0.7326 |
| 教师自我效能感 | 3.4282 | 1.0634 |
| 总问卷平均分 | 3.5131 | 0.7071 |

考虑到各个变量之间的相关性和交互作用，本研究选择学历水平和学校类型两个变量做主效应和交互作用分析。（表4-2）

表4－2　学历水平、学校类型主效应及其交互作用分析

| 变量 | F值 | 显著性水平 |
| --- | --- | --- |
| 学历水平 | 1. 256 | 0. 062 |
| 学校类型 | 4. 361 | 0. 000 |
| 学历*学校类型 | 1. 132 | 0. 320 |

（注：＊代表交互作用　以下各表同）

由表4－2可知，学历水平主效应的差异并不显著，学校类型主效应存在显著性差异，学历水平和学校类型的交互作用不明显，说明不同学历的中小学体育教师在课程权力方面没有显著性差异。

通过多因素方差分析，对学历水平和学校类型在体育教师课程权力各因素上的具体表现做进一步分析。（表4－3）

表4－3　体育教师课程权力问卷各因素方差分析结果（学历水平和学校类型）

| 变量 | 因素 | 自由度 | F值 | 显著性水平 |
| --- | --- | --- | --- | --- |
| 学历水平 | 课程权力认知 | 3 | 1. 852 | 0. 131 |
| | 课程决策权力 | 3 | 0. 821 | 0. 621 |
| | 课程开发权力 | 3 | 2. 763 | 0. 025 |
| | 课程实施权力 | 3 | 6. 155 | 0. 001 |
| | 课程评价权力 | 3 | 1. 512 | 0. 313 |
| | 体育课程权力价值 | 3 | 2. 713 | 0. 061 |
| | 课程创生权力 | 3 | 2. 724 | 0. 058 |
| | 学校内部影响 | 3 | 1. 613 | 0. 201 |
| | 教师自我效能感 | 3 | 2. 508 | 0. 072 |
| | 总问卷平均分 | 3 | 3. 512 | 0. 022 |

续表

| 变量 | 因素 | 自由度 | F值 | 显著性水平 |
|---|---|---|---|---|
| 学校类型 | 课程权力认知 | 2 | 3.614 | 0.026 |
| | 课程决策权力 | 2 | 14.760 | 0.000 |
| | 课程开发权力 | 2 | 1.136 | 0.353 |
| | 课程实施权力 | 2 | 1.240 | 0.402 |
| | 课程评价权力 | 2 | 7.132 | 0.001 |
| | 体育课程权力价值 | 2 | 3.417 | 0.041 |
| | 课程创生权力 | 2 | 0.301 | 0.812 |
| | 学校内部影响 | 2 | 6.517 | 0.002 |
| | 教师自我效能感 | 2 | 10.926 | 0.000 |
| | 总问卷平均分 | 2 | 9.561 | 0.000 |
| 学历*学校类型 | 课程权力认知 | 4 | 0.402 | 0.745 |
| | 课程决策权力 | 4 | 1.371 | 0.317 |
| | 课程开发权力 | 4 | 1.269 | 0.331 |
| | 课程实施权力 | 4 | 1.177 | 0.426 |
| | 课程评价权力 | 4 | 0.802 | 0.613 |
| | 体育课程权力价值 | 4 | 0.813 | 0.613 |
| | 课程创生权力 | 4 | 0.173 | 0.901 |
| | 学校内部影响 | 4 | 0.437 | 0.913 |
| | 教师自我效能感 | 4 | 0.366 | 0.905 |
| | 总问卷平均分 | 4 | 0.291 | 0.922 |

由表4-3可知，体育教师的学历水平在各因素总体上表现出显著性差异，具体表现在教师课程开发和课程实施权力上具有显著性差异，而在其他几个因素上差异不明显。中小学体育教师学校类型变量在总体因素上表现出极其显著性的差异，具体在课程决策权力、课程评价权力、教师自我效能感以及学校内部影响四个因素中表现出极其显著性差异。教师学历水平和学校类型在各因素和总体上的

交互作用并不明显。

选择教龄和学校类型两个变量做主效应和交互作用分析。（表 4－4）

**表 4－4　教龄、学校类型主效应及其交互作用分析**

| 变量 | *F* 值 | 显著性水平 |
|---|---|---|
| 教龄 | 1.626 | 0.068 |
| 学校类型 | 4.431 | 0.000 |
| 教龄 * 学校类型 | 1.325 | 0.340 |

如表 4－4 所示，体育教师在教龄主效应上表现出差异的不显著性，而在学校类型方面存在显著性差异，两者的交互性作用不明显。这表明，中小学体育教师在各个教龄段上的体育课程权力并没有显著性差异。

为了进一步分析中小学体育教师变量教龄和学校类型在各个因素上的具体表现，需对其进行多因素方差分析。（表 4－5）。

**表 4－5　体育教师课程权力问卷各因素方差分析结果（教龄和学校类型）**

| 变量 | 因素 | 自由度 | *F* 值 | 显著性水平 |
|---|---|---|---|---|
| 教龄 | 课程权力认知 | 3 | 2.102 | 0.232 |
| | 课程决策权力 | 3 | 0.721 | 0.662 |
| | 课程开发权力 | 3 | 3.013 | 0.033 |
| | 课程实施权力 | 3 | 5.513 | 0.001 |
| | 课程评价权力 | 3 | 1.624 | 0.503 |
| | 体育课程权力价值 | 3 | 3.540 | 0.320 |
| | 课程创生权力 | 3 | 3.012 | 0.022 |
| | 学校内部影响 | 3 | 2.515 | 0.652 |
| | 教师自我效能感 | 3 | 3.032 | 0.081 |
| | 总问卷平均分 | 3 | 3.142 | 0.035 |

续表

| 变量 | 因素 | 自由度 | *F*值 | 显著性水平 |
|---|---|---|---|---|
| 学校类型 | 课程权力认知 | 2 | 3.614 | 0.026 |
| | 课程决策权力 | 2 | 14.760 | 0.000 |
| | 课程开发权力 | 2 | 1.136 | 0.353 |
| | 课程实施权力 | 2 | 1.240 | 0.402 |
| | 课程评价权力 | 2 | 7.132 | 0.001 |
| | 体育课程权力价值 | 2 | 3.417 | 0.041 |
| | 课程创生权力 | 2 | 0.301 | 0.812 |
| | 学校内部影响 | 2 | 6.517 | 0.002 |
| | 教师自我效能感 | 2 | 10.926 | 0.000 |
| | 总问卷平均分 | 2 | 9.561 | 0.000 |
| 教龄*学校类型 | 课程权力认知 | 4 | 0.612 | 0.662 |
| | 课程决策权力 | 4 | 2.225 | 0.521 |
| | 课程开发权力 | 4 | 1.010 | 0.553 |
| | 课程实施权力 | 4 | 1.665 | 0.316 |
| | 课程评价权力 | 4 | 0.636 | 0.522 |
| | 体育课程权力价值 | 4 | 1.012 | 0.820 |
| | 课程创生权力 | 4 | 0.434 | 0.772 |
| | 学校内部影响 | 4 | 0.336 | 0.818 |
| | 教师自我效能感 | 4 | 0.540 | 0.912 |
| | 总问卷平均分 | 4 | 0.334 | 0.813 |

由表4－5可知，中小学体育教师教龄变量在总体因素上具有显著性差异，具体表现在课程开发权力、课程实施权力和课程创生权力因素上，而在其他几个因素上差异性并不显著。而中小学体育教师在教龄和学校类型总体上交互作用并不明显。

由上述方差结果分析可知，在中小学体育教师学历水平变量上有两个因素表现出显著性差异，分别是教师课程开发权力和课程实施权力；在中小学体育教师教龄变量上有三个因素表现出显著性差异，分别是课程开发权力、课程实施权力和课程创生权力；在中小学体育教师学校类型变量上有四个因素表现出显著性差异，分别是课程决策权力、课程评价权力、教师自我效能感以及学校内部影响。

为进一步分析具体是哪个学历水平、哪个教龄段和学校类型之间存在显著性差异，采用多重比较法对学历水平以及教龄和学校类型之间进行两两比较。（分析结果见表4－6至表4－8）

**表4－6　各学历水平多重比较结果**

| 因素 | 学历水平 | | 平均分差异 | 显著性水平 | 因素 | 学历水平 | | 平均分差异 | 显著性水平 |
|---|---|---|---|---|---|---|---|---|---|
| 教师课程权力认知 | 专科及以下 | 本科 | -0.4125 | 0.000** | 教师课程决策权力 | 专科及以下 | 本科 | 0.1552 | 0.060 |
| | | 硕士及以上 | -0.5572 | 0.000** | | | 硕士及以上 | 0.1422 | 0.071 |
| | 本科 | 专科及以下 | 0.4125 | 0.000** | | 本科 | 专科及以下 | -0.1552 | 0.060 |
| | | 硕士及以上 | -0.1324 | 0.366 | | | 硕士及以上 | -0.0117 | 0.772 |
| | 硕士及以上 | 专科及以下 | 0.5572 | 0.000** | | 硕士及以上 | 专科及以下 | -0.1422 | 0.071 |
| | | 本科 | 0.1324 | 0.366 | | | 本科 | 0.0117 | 0.772 |
| 教师课程开发权力 | 专科及以下 | 本科 | -0.7101 | 0.000** | 教师课程实施权力 | 专科及以下 | 本科 | 0.1661 | 0.058 |
| | | 硕士及以上 | -0.6002 | 0.000** | | | 硕士及以上 | 0.1103 | 0.093 |
| | 本科 | 专科及以下 | 0.7101 | 0.000** | | 本科 | 专科及以下 | -0.1661 | 0.058 |
| | | 硕士及以上 | 0.0826 | 0.801 | | | 硕士及以上 | -0.0124 | 0.691 |
| | 硕士及以上 | 专科及以下 | 0.6002 | 0.000** | | 硕士及以上 | 专科及以下 | -0.1103 | 0.093 |
| | | 本科 | -0.0826 | 0.801 | | | 本科 | 0.0124 | 0.691 |
| 教师课程评价权力 | 专科及以下 | 本科 | 0.1202 | 0.073 | 教师课程权力价值 | 专科及以下 | 本科 | -0.7731 | 0.000** |
| | | 硕士及以上 | 0.1505 | 0.077 | | | 硕士及以上 | -0.8732 | 0.000** |
| | 本科 | 专科及以下 | -0.1202 | 0.073 | | 本科 | 专科及以下 | 0.7731 | 0.000** |
| | | 硕士及以上 | -0.0155 | 0.583 | | | 硕士及以上 | -0.1126 | 0.515 |
| | 硕士及以上 | 专科及以下 | -0.1505 | 0.077 | | 硕士及以上 | 专科及以下 | 0.8732 | 0.000** |
| | | 本科 | 0.0155 | 0.583 | | | 本科 | 0.1126 | 0.515 |

**续表**

| 因素 | 学历水平 | | 平均分差异 | 显著性水平 | 因素 | 学历水平 | | 平均分差异 | 显著性水平 |
|---|---|---|---|---|---|---|---|---|---|
| 教师课程创生权力 | 专科及以下 | 本科 | 0.2523 | 0.004** | 学校内部影响 | 专科及以下 | 本科 | 0.1441 | 0.066 |
| | | 硕士及以上 | 0.4001 | 0.000** | | | 硕士及以上 | 0.1220 | 0.096 |
| | 本科 | 专科及以下 | -0.2523 | 0.004** | | 本科 | 专科及以下 | -0.1441 | 0.066 |
| | | 硕士及以上 | 0.0771 | 0.367 | | | 硕士及以上 | -0.0177 | 0.462 |
| | 硕士及以上 | 专科及以下 | -0.4001 | 0.000** | | 硕士及以上 | 专科及以下 | -0.1220 | 0.096 |
| | | 本科 | -0.0771 | 0.367 | | | 本科 | 0.0177 | 0.462 |
| 教师自我效能感 | 专科及以下 | 本科 | -0.5651 | 0.000** | 总问卷平均分 | 专科及以下 | 本科 | -0.4322 | 0.013* |
| | | 硕士及以上 | -0.5532 | 0.005** | | | 硕士及以上 | -0.5631 | 0.000** |
| | 本科 | 专科及以下 | 0.5651 | 0.000** | | 本科 | 专科及以下 | 0.4322 | 0.013* |
| | | 硕士及以上 | -0.4122 | 0.015* | | | 硕士及以上 | -0.0201 | 0.661 |
| | 硕士及以上 | 专科及以下 | 0.5532 | 0.005** | | 硕士及以上 | 专科及以下 | 0.5631 | 0.000** |
| | | 本科 | 0.4122 | 0.015* | | | 本科 | 0.0201 | 0.661 |

（注：* 表示 $P<0.05$，** 表示 $P<0.01$，以下各表同）

由表4－6结果分析可知，总问卷平均分结果显示三个学历水平在几个因素上体现出一定的差异性，总体上专科及以下学历与本科和硕士及以上学历存在显著性差异，本科学历与硕士及以上学历不存在显著性差异。其中在教师课程权力认知、教师课程开发权力、教师课程创生权力、教师课程权力价值、教师自我效能感几个因素上，专科及以下学历与本科、硕士及以上学历水平均存在显著性差异，而在教师课程评价权力、教师课程决策权力和学校内部影响几个因素上，三个学历水平不存在显著性差异。

表 4 -7　各学校类型多重比较结果

| 因素 | 学校类型 | | 平均分差异 | 显著性水平 | 因素 | 学校类型 | | 平均分差异 | 显著性水平 |
|---|---|---|---|---|---|---|---|---|---|
| 教师课程权力认知 | 小学 | 初中 | -0.1022 | 0.611 | 教师课程决策权力 | 小学 | 初中 | 0.1532 | 0.060 |
| | | 高中 | -0.6122 | 0.000** | | | 高中 | 0.1344 | 0.081 |
| | 初中 | 小学 | 0.1022 | 0.611 | | 初中 | 小学 | -0.1532 | 0.060 |
| | | 高中 | -0.5732 | 0.005* | | | 高中 | -0.0231 | 0.382 |
| | 高中 | 小学 | 0.6122 | 0.000** | | 高中 | 小学 | -0.1344 | 0.081 |
| | | 初中 | 0.5732 | 0.005* | | | 初中 | 0.0231 | 0.382 |
| 教师课程开发权力 | 小学 | 初中 | 0.1125 | 0.072 | 教师课程实施权力 | 小学 | 初中 | 0.1033 | 0.086 |
| | | 高中 | 0.1225 | 0.090 | | | 高中 | 0.1335 | 0.079 |
| | 初中 | 小学 | -0.1125 | 0.072 | | 初中 | 小学 | -0.1033 | 0.086 |
| | | 高中 | -0.1031 | 0.255 | | | 高中 | -0.2317 | 0.186 |
| | 高中 | 小学 | -0.1225 | 0.090 | | 高中 | 小学 | -0.1335 | 0.079 |
| | | 初中 | 0.1031 | 0.255 | | | 初中 | 0.2317 | 0.186 |
| 教师课程评价权力 | 小学 | 初中 | -0.4796 | 0.000** | 教师课程权力价值 | 小学 | 初中 | -0.2131 | 0.422 |
| | | 高中 | -0.6037 | 0.005** | | | 高中 | -0.6432 | 0.000** |
| | 初中 | 小学 | 0.4796 | 0.000** | | 初中 | 小学 | 0.2131 | 0.422 |
| | | 高中 | -0.3768 | 0.013* | | | 高中 | -0.6412 | 0.005* |
| | 高中 | 小学 | 0.6037 | 0.005** | | 高中 | 小学 | 0.6432 | 0.000** |
| | | 初中 | 0.3768 | 0.013* | | | 初中 | 0.6412 | 0.005* |
| 教师课程创生权力 | 小学 | 初中 | 0.4278 | 0.000** | 学校内部影响 | 小学 | 初中 | -0.5077 | 0.000** |
| | | 高中 | 0.3656 | 0.005** | | | 高中 | -0.5833 | 0.005** |
| | 初中 | 小学 | -0.4278 | 0.000** | | 初中 | 小学 | 0.5077 | 0.000** |
| | | 高中 | -0.0155 | 0.713 | | | 高中 | -0.4022 | 0.015* |
| | 高中 | 小学 | -0.3656 | 0.005** | | 高中 | 小学 | 0.5833 | 0.005** |
| | | 初中 | 0.0155 | 0.713 | | | 初中 | 0.4022 | 0.015* |

续表

| 因素 | 学校类型 | | 平均分差异 | 显著性水平 | 因素 | 学校类型 | | 平均分差异 | 显著性水平 |
|---|---|---|---|---|---|---|---|---|---|
| 教师自我效能感 | 小学 | 初中 | -0.4866 | 0.000** | 总问卷平均分 | 小学 | 初中 | -0.4882 | 0.000** |
| | | 高中 | -0.5366 | 0.005** | | | 高中 | -0.5477 | 0.005** |
| | 初中 | 小学 | 0.4866 | 0.000** | | 初中 | 小学 | 0.4882 | 0.000** |
| | | 高中 | -0.5517 | 0.013* | | | 高中 | -0.0201 | 0.703 |
| | 高中 | 小学 | 0.5366 | 0.005** | | 高中 | 小学 | 0.5477 | 0.005** |
| | | 初中 | 0.5517 | 0.013* | | | 初中 | 0.0201 | 0.703 |

由表4-7可知，学校类型变量（小学、初中、高中）在各因素上表现出一定的差异性，表现在对体育教师课程权力认知和体育课程权力价值方面，高中体育教师优于初中体育教师且明显优于小学体育教师；在课程决策、开发以及实施方面没有显著性差异；在课程评价、学校内部影响以及教师自我效能感方面，初中和高中体育教师明显优于小学体育教师，而小学体育教师则在体育课程创生权力方面优于初中和高中体育教师。

分析其原因，在对体育教师课程权力认知和教师自我效能感方面，高中体育教师比初中和小学体育教师有更高的学历水平以及受教育程度，在对新课程标准和相关体育课程政策的认知和理解方面有一定的优势。这也表现在三个学龄阶段的体育教育目标不同，小学阶段的体育教育往往更关注孩子的发育以及身体运动习惯和标准的养成，体育教师在保证安全的前提下既要尽量让孩子做到运用科学正确的姿势、动作去完成走、跑、跳等动作，更要遵从孩子玩耍的天性，这使他们对课程权力的关注度大大降低。“我们平常上课更多的是在扮演指挥官和裁判的角色，让孩子们高高兴兴地玩、做游戏，养成正确的队列队形及跑、跳习惯……合理地组织学生快乐地活动、出汗……并保证安全就行了……不怎么关注权力的问题……”（小学二年级体育老师L）这位接受访谈的教师道出了大部分小学体育教师的心声。

而初中体育教师因为考虑体育中考的问题而更加关注体育课程本身，但同时又受到考试项目的影响，在课程实施权力方面更多的是遵从学校以及教研组的课程教学安排，“一个学年一个学期要上什么内容，教研组都已经基本安排好了，上课一般都是根据场地、器材、班级等具体情况交叉进行，内容大都以体育中考的项目为主，如实心球、田径等会贯穿整个学期的教学……在课程开发方面，因为条件限制老师一般都会根据学校实际情况开发一些场地、器材等利用率最大化的方法及课程……在实际教学过程中老师的机动性很强，可以根据自己的教学习惯或学生情况进行自主教学，这一块儿我们老师还是具有一定的自主权的……”（初中三年级体育老师 H）。

高中体育教师在课程评价、课程权力价值以及学校环境影响方面表现出的显著性主要体现在两个方面：一是高中学生学习体育课的动机和方式明显与小学生和初中生不同，由于他们的身体已经基本发育完成并掌握了一定的运动技术，具备了一定的运动水平，更加关注体育学习过程中的技术掌握和运用以及团队配合等，这使得高中体育教师比小学和初中体育教师更能体会拥有课程权力的重要性，特别是在对学生进行体育课学习评价时更具有实效性；二是由于高考升学的影响，学科挤占体育课时和体育运动放松身心、提高学习效率两者不时角力，这时学校内部环境对高中体育教师行使体育课程权力显得尤为重要。笔者访谈的一位高中校长这样说道：“首先我们是国家级体育传统项目学校，学生参与体育活动的热情很高，我们不以牺牲学生的体育活动时间来提高升学率，学生们也愿意在学习之余参与到体育活动中来……我们学校的体育教师在课程实施和课程评价等方面有很大的自主权……我认为体育教师的地位也不比别的学科老师差……学校鼓励体育老师进行体育校本课程开发，创新体育教学方法，让学生更愿意进行体育锻炼……没有好身体一切都是零。”

小学体育教师的自我效能感明显低于初中和高中体育教师，其中初中体育教师又高于高中体育教师。这体现在小学体育教师本身在社会地位上有所欠缺，访谈中的许多小学还存在其他学科教师兼教体育课的情况。而在这一点上，中学体育教师因为面临体育中考的现实，在受重视程度上明显提高。

由表 4 - 8 可知，中小学体育教师在不同教龄段变量上的各个因素上均表现出一定的特点和差异性。笔者将不同教龄段 1 ~ 3 年、3 ~ 10 年、10 ~ 20 年以及 20 年以上分别标记为 A 段、B 段、C 段和 D 段，以便分析讨论。

表 4-8 各教龄段多重比较结果

| 因素 | 教龄 | | 平均分差异 | 显著性差异 | 因素 | 教龄 | | 平均分差异 | 显著性差异 |
|---|---|---|---|---|---|---|---|---|---|
| 课程权力认知 | 1~3 | 3~10 | -0.6133 | 0.002** | 课程决策权力 | 1~3 | 3~10 | 0.1837 | 0.763 |
| | | 10~20 | -0.6877 | 0.000** | | | 10~20 | 0.2708 | 0.106 |
| | | 20以上 | -0.7998 | 0.000** | | | 20以上 | 0.2667 | 0.285 |
| | 3~10 | 1~3 | 0.6133 | 0.002** | | 3~10 | 1~3 | -0.1837 | 0.763 |
| | | 10~20 | -0.0774 | 0.453 | | | 10~20 | 0.2611 | 0.205 |
| | | 20以上 | -0.2098 | 0.121 | | | 20以上 | -0.1740 | 0.634 |
| | 10~20 | 1~3 | 0.6877 | 0.000** | | 10~20 | 1~3 | -0.2708 | 0.106 |
| | | 3~10 | 0.0774 | 0.453 | | | 3~10 | -0.2611 | 0.634 |
| | | 20以上 | -0.1550 | 0.120 | | | 20以上 | 0.0516 | 0.551 |
| | 20以上 | 1~3 | 0.7998 | 0.000** | | 20以上 | 1~3 | -0.2667 | 0.285 |
| | | 3~10 | 0.2098 | 0.121 | | | 3~10 | 0.1740 | 0.205 |
| | | 10~20 | 0.1550 | 0.120 | | | 10~20 | -0.0516 | 0.551 |
| 课程开发权力 | 1~3 | 3~10 | -0.3676 | 0.030* | 课程实施权力 | 1~3 | 3~10 | -0.6533 | 0.031* |
| | | 10~20 | -0.4431 | 0.003** | | | 10~20 | 0.6775 | 0.004** |
| | | 20以上 | -0.0711 | 0.000** | | | 20以上 | 0.2571 | 0.413 |
| | 3~10 | 1~3 | 0.3676 | 0.030* | | 3~10 | 1~3 | 0.6533 | 0.031* |
| | | 10~20 | -0.0713 | 0.382 | | | 10~20 | 0.0520 | 0.716 |
| | | 20以上 | -0.2312 | 0.061 | | | 20以上 | -0.4122 | 0.042* |
| | 10~20 | 1~3 | 0.4431 | 0.003** | | 10~20 | 1~3 | -0.6775 | 0.004** |
| | | 3~10 | 0.0713 | 0.382 | | | 3~10 | -0.0520 | 0.716 |
| | | 20以上 | -0.1667 | 0.073 | | | 20以上 | -0.4811 | 0.001** |
| | 20以上 | 1~3 | 0.0711 | 0.000** | | 20以上 | 1~3 | -0.2571 | 0.413 |
| | | 3~10 | 0.2312 | 0.061 | | | 3~10 | 0.4122 | 0.042* |
| | | 10~20 | 0.1667 | 0.073 | | | 10~20 | 0.4811 | 0.001** |

续表

| 因素 | 教龄 | | 平均分差异 | 显著性差异 |
|---|---|---|---|---|
| 课程评价权力 | 1~3 | 3~10 | -0.0422 | 0.790 |
| | | 10~20 | 0.0270 | 0.921 |
| | | 20以上 | -0.2376 | 0.238 |
| | 3~10 | 1~3 | 0.0422 | 0.790 |
| | | 10~20 | -0.0833 | 0.644 |
| | | 20以上 | 0.2533 | 0.213 |
| | 10~20 | 1~3 | -0.0270 | 0.921 |
| | | 3~10 | 0.0833 | 0.644 |
| | | 20以上 | -0.1835 | 0.437 |
| | 20以上 | 1~3 | 0.2376 | 0.238 |
| | | 3~10 | -0.2533 | 0.213 |
| | | 10~20 | 0.1835 | 0.437 |
| 课程创生权力 | 1~3 | 3~10 | -0.6221 | 0.002** |
| | | 10~20 | -0.6758 | 0.000** |
| | | 20以上 | -0.7734 | 0.000** |
| | 3~10 | 1~3 | 0.6221 | 0.002** |
| | | 10~20 | -0.0682 | 0.512 |
| | | 20以上 | -0.2136 | 0.144 |
| | 10~20 | 1~3 | 0.6758 | 0.000** |
| | | 3~10 | 0.0682 | 0.512 |
| | | 20以上 | -0.1633 | 0.131 |
| | 20以上 | 1~3 | 0.7734 | 0.000** |
| | | 3~10 | 0.2136 | 0.144 |
| | | 10~20 | 0.1633 | 0.131 |
| 课程权力价值 | 1~3 | 3~10 | -0.6478 | 0.043* |
| | | 10~20 | 0.6638 | 0.005** |
| | | 20以上 | 0.2770 | 0.512 |
| | 3~10 | 1~3 | 0.6478 | 0.043* |
| | | 10~20 | 0.0611 | 0.677 |
| | | 20以上 | -0.4430 | 0.047* |
| | 10~20 | 1~3 | -0.6638 | 0.005** |
| | | 3~10 | -0.0611 | 0.677 |
| | | 20以上 | -0.4798 | 0.001** |
| | 20以上 | 1~3 | -0.2770 | 0.512 |
| | | 3~10 | 0.4430 | 0.047* |
| | | 10~20 | 0.4798 | 0.001** |
| 学校内部影响 | 1~3 | 3~10 | 0.2677 | 0.366 |
| | | 10~20 | 0.2154 | 0.877 |
| | | 20以上 | 0.0711 | 0.921 |
| | 3~10 | 1~3 | -0.2677 | 0.366 |
| | | 10~20 | 0.2611 | 0.452 |
| | | 20以上 | -0.2532 | 0.773 |
| | 10~20 | 1~3 | -0.2154 | 0.877 |
| | | 3~10 | -0.2611 | 0.452 |
| | | 20以上 | 0.0516 | 0.801 |
| | 20以上 | 1~3 | -0.0711 | 0.921 |
| | | 3~10 | 0.2532 | 0.773 |
| | | 10~20 | -0.0516 | 0.801 |

续表

| 因素 | 教龄 | | 平均分差异 | 显著性差异 | 因素 | 教龄 | | 平均分差异 | 显著性差异 |
|---|---|---|---|---|---|---|---|---|---|
| 教师自我效能感 | 1～3 | 3～10 | 0.2488 | 0.221 | 问卷平均分 | 1～3 | 3～10 | 0.0166 | 0.871 |
| | | 10～20 | 0.1802 | 0.403 | | | 10～20 | -0.0711 | 0.775 |
| | | 20 以上 | 0.0403 | 0.791 | | | 20 以上 | -0.2652 | 0.113 |
| | 3～10 | 1～3 | -0.2488 | 0.221 | | 3～10 | 1～3 | -0.0166 | 0.871 |
| | | 10～20 | 0.1435 | 0.504 | | | 10～20 | -0.0663 | 0.647 |
| | | 20 以上 | -0.2501 | 0.201 | | | 20 以上 | -0.2417 | 0.201 |
| | 10～20 | 1～3 | -0.1802 | 0.403 | | 10～20 | 1～3 | 0.0711 | 0.775 |
| | | 3～10 | -0.1435 | 0.504 | | | 3～10 | 0.0663 | 0.647 |
| | | 20 以上 | -0.2731 | 0.268 | | | 20 以上 | -0.1832 | 0.205 |
| | 20 以上 | 1～3 | -0.0403 | 0.791 | | 20 以上 | 1～3 | 0.2652 | 0.113 |
| | | 3～10 | 0.2501 | 0.201 | | | 3～10 | 0.2417 | 0.201 |
| | | 10～20 | 0.2731 | 0.268 | | | 10～20 | 0.1832 | 0.205 |

从各个因素来看，四个教龄段变量在课程决策权力、学校内部影响、课程评价权力和教师自我效能感因素上没有表现出显著性差异，而在课程权力认知、课程开发权力和课程创生权力方面，A 段明显低于其他三个教龄段，在课程实施权力方面，B 段显著性高于 A 段，而 D 段教师与 B 段和 C 段教师差异较明显。

研究发现，中小学体育教师工作的前三年往往被看作他们入职的适应期，在这段时间，年轻教师主要考虑自身授课的适应性和熟练程度。“虽然在上学时有过实际教学方面的学习和培训，也在实习期到中学教过体育课，但真正开始上班站在操场上那一刻还是不免有些紧张……甚至有时候会漏掉一些事先安排好的教案内容，包括教学计划、教学内容等，教学方法的熟练掌握和运用还需要一段时间的学习和熟练……现在只是想尽快游刃有余地把课上好，还没去考虑一些课程内容的创新等问题……”这位省内师范大学体育教育本科毕业的初中体育教师的话，代表了绝大多数刚刚入职的体育教师的内心想法，这一阶段他们更加关注的是尽快找到体育教师的角色定位，尽快熟悉和掌握具体的教学内容和方法，因此在体育教师课程开发以及课程创生权力方面他们明显没有其他教龄段老师关注。

另外，研究结果显示，A 段教龄的体育教师在体育教师课程权力认知方面也表现出差异性，这在某种程度上也与入职适应期的阶段影响有关，还表现在这一阶段年轻教师对于课程权力的了解往往来自年长的体育教师，他们还是把工作重心放在体育教学授课上。“肯定是先把课上好，毕竟还有个实习期，不能因为上课不行被领导和同事笑话，至于别的课程权力什么的还没想那么多，可能慢慢地会去关注和了解……我是经常向老教师或者早上班的同事请教问题的，他们也会说到体育教学内容还有方法等的问题，但我觉得还是先把课上熟练了再去了解这些……”（教龄 7 个月的高中体育教师 S）。而 A 段教龄教师在课程权力价值方面表现出来的差异性也体现在这一方面。

B 段教龄被视为体育教师的工作稳定期，他们在经历了工作初期的适应和熟练后，慢慢将工作重心由自身的适应和完善转移到体育教学中来，更多地关注如何更好地把课上好，而 C 段教龄体育教师在经历了十几年的体育教学以后更多地关注熟练化程度背后的创新求变，他们开始注重创新及个性化体育教学方法和手段。访谈中一位有 15 年教学经历的初中体育教师告诉笔者：“教了十几年体育课了，说实话现在闭着眼都能把课上完……会更加关注国家政策对体育课的影响，创新教学以及新课改等……会刻意地关注学生的个性发展以及不同需要，对创新式教学内容和方法有研究和尝试的兴趣，会想主动地开发一些原来没有过的或者能比现在更好的教学内容及方法……校本课程开发会去参与，但还是更关注自己的课堂教学。”

而 D 段教龄的体育教师更多的是进入一种平静期的职业状态，他们大多已成为中小学体育教研组的负责人，这一时期他们对体育教学工作驾轻就熟，很有信心，但也存在职业倦怠感，让他们不再像其他几个教龄段的教师更有拼劲和创造力，他们往往把自己视为一种权威，不再去深入地创新和开发体育课程内容和方法等，对新的课程改革持谨慎的保留态度，因此这也导致他们在课程创生和课程开发以及课程实施方面没有 B 段和 C 段教龄体育教师积极，较之 A 段教龄教师更有显著的差异性。

### 4.5.2 体育教师课程权力现状解析

现阶段我国基层的体育教师通过相关教育法律和课程管理政策的授权，获得了一些课程权力，通过调研发现，在现实的体育课程实施和体育教学过程中，体育教师在某些课程权力方面表现出一定的积极意义，但体育教师的课程权力执行情况总体却难令人满意，这主要表现在以下几个方面。

4.5.2.1 体育教师课程权力运行的有利方面

4.5.2.1.1 中小学体育教师对课程权力的认识值得肯定

正如表4-1统计结果中显示，被调查体育教师反映出来的对教师课程权力认知和理解方面的平均分达到了3.3127，表明基层体育教师已经能比较清晰地认知教师的课程权力；而另一个反映教师对课程权力理解的要素“课程权力价值”方面的平均分更是达到了4.1769，表明中小学体育教师能够认识到课程权力为学校课程发展、个人专业提升以及学生发展带来的积极作用。体育教师对课程权力的认识和理解是其课程权力运行的前提和保障。

4.5.2.1.2 学校表现出对体育教师课程权力运行的较好支持

随着国家和社会对教育师资的重视，学校已经能够拿出专门的人力、物力等以保障教师课程权力的运行，虽然这还停留在初级层面。学校体育师资以及体育师生配比一直是学校面临的困难，通过调查分析发现，特别是一些师资条件比较好的学校，在提供相关资源以及政策支持方面已经较之前有了很大进步。

4.5.2.1.3 校长和分管领导对体育教师课程权力表现出较好的民主作风和观念支持

通过调研、访谈等方式发现，大部分学校的校长工作作风比较民主，能够本着学校、学生和教师的发展利益开展工作。大部分学校能够定期召开教学工作会议以及教职工代表会议，听取教师呼声并关注体育与健康课程的改革推进，能熟知新课程改革的目标和理念并支持体育促进学生的全面发展。

4.5.2.1.4 体育教师的课程实施权力基本得到保障

通过表4-1统计结果可知，体育教师课程实施权力的平均分是4.0834，是体育教师除了对课程权力的认知以及课程权力的价值因素外，实现程度最高的课程权力。这表明在当前课程改革的大背景下体育教师的课程实施权力能够得到保障，能够运用自己的专业知识和科学的教学方法把具体的教学设计以及课程理念付诸教学实践。

4.5.2.2　体育教师课程权力运行出现的问题

体育教师的课程权力还存在着许多的问题，甚至有些问题严重制约了教师课程权力的运行，是与体育与健康课程改革背道而驰的，只有看到并了解基层体育教师在课程权力方面的问题并予以解决才能使他们在真正意义上行使课程权力。

4.5.2.2.1　体育教师课程权力失衡

通过调查结果可知，目前在我国中小学体育教师参与课程发展和体育教学的过程中，其课程权力大部分只是体现在课程实施环节，而在课程决策、课程编制以及课程评价的参与方面还明显处于从属地位，加之体育的学科地位和体育教师专业地位的劣势，直接导致体育教师在课程方面的权力出现失衡现象。只有将教师的课程权力直接、全面地赋予基层教师才能改变教师有权不能用的尴尬局面。

4.5.2.2.2　体育教师课程权力意识淡薄

在调研过程中发现，虽然许多基层体育教师对课程权力有了大概的认知和理解，但是还停留在表面，中小学体育教师的课程权力意识尚未形成，甚至有个别教师认为不需要课程权力，只需要按照教学计划顺顺利利地把体育课上好就行。造成这种现象的原因是多方面的，有历史发展的原因也有课程改革的原因，有教育师资的原因也有学校支持的原因。

4.5.2.2.3　体育教师对课程权力的低效参与或主动放弃

尽管体育教师有参与课程改革的意愿，希望拥有更多的课程权力，但参与“新课改”意味着比之前日常教学增加更多的工作量和压力，这样大多数基层体育教师会感到力不从心，往往处于一种疲于应付、敷衍了事的课程参与状态，有些教师甚至觉得主动参与课程开发等工作成了他们额外的负担，在付出时间、精力的同时没有任何个人利益的获得，选择主动放弃课程权力是无奈之举。

4.5.2.2.4　体育教师课程能力不足

教师的课程能力是在其参与课程事务、从事课程实践活动中表现出来的能动力量，直接决定着教师课程活动的成效。体育教师的课程能力不足会直接导致课程权力的误用和错用，其不足表现在教师课程理解能力的不足、课程创生能力的不足以及课程开发能力的不足等，在某种意义上，体育教师课程能力的高低直接决定着他们行使课程权力的成败。

4.5.2.3 问题的归因

针对我国当前体育教师赋予和施行课程权力过程中出现的上述问题，分析其原因，大概包括以下几个方面。

4.5.2.3.1 内在原因

体育教师课程权力意识淡薄。当前，新课程改革的突出理念是教师由“课程的执行者”转变为“课程的参与者”。无论是批判教育学者还是后现代课程学者都强调要倾听和关注一线基层教师的声音。教师由课程发展和决策的旁观者逐步走向台前，成为课程的改革重要部分。教师参与课程改革最大的问题不是课程实施的能力不够强，也不是领会课改理念能力的不足，而是课程意识的觉悟有待加强，这其中就包括教师课程权力意识的淡薄。教师课程权力意识的淡薄已经被视为课程改革与教师专业发展的制约因素，甚至是关键要素。① 21世纪的教师教育必然是“以唤醒教师个体意识为基础”的教育。② 在中华人民共和国成立初期几次课程改革的过程中，基层教师基本没有多少参与课程决策的权力，只是能决定自己用什么方法进行课堂授课，这样的历史发展原因直接导致了教师参与课程活动能力的欠缺和课程权力意识的淡薄。新一轮课程改革将课程权力意识摆在了重要的位置，强调课程是由教材、教师、学生以及教学环境等要素构成的生态系统，这意味着教师在课程角色中的转型。课程权力意识的唤醒必将增强教师的批判精神和主体参与意识。

课程权力意识通常被看作教师对于其在课程开发、课程决策过程中的作用和地位的信念以及他们对于教师在课程活动中如何进行有效教学、学生如何进行有效学习等方面的主张。课程权力意识包括敏感意识，即在课程开发和决策过程中，教师能否意识到自己是积极的参与者；批判意识，即教师能否意识到在理解课程改革理念的基础上需要自己凭借个人知识和理论批判地改进和吸收；生成意识，即教师能否意识到课程开发不只是上层主管部门的事，教师也应该成为课程发展的主体之一，教师与课程改革密不可分。教师的课程权力意识主要包括三种形态，

---

① O' Donoghue, T. A., and Brooker, R. R. *The rhetoric and the Reality of the Promotion of Reflection during Practice teaching: An Australian Case Study.* Journal of Teacher Education, 1996, 47 (2): 99.

② Grand. *A new Educational Paradigm for the New Mi* Ⅱ *– ennium: Consciousness – based Education* [J]. Futures. 1998, 30 (7): 717 –724.

分别是天真意识（naive consciousness）、惯性意识（habitual consciousness）和批判意识（critical consciousness），其中天真意识和惯性意识不利于教师在课改过程中参与的主动性。天真意识把因果关系看作既成、静态的事实存在。教师会天真地认为国家层面自上而下的课程设计一定优于现实中的课程开发，因此在行动上表现为绝对听从国家课程方案和规划，从而丧失了对课程开发参与的主动性，认为课程开发只是课程专家和研究者的事情，不需要自己的思考和参与，从而缺乏对课程的分析和反思。惯性意识是教师往往认为过去的或者正在施行的课程总是好的，新推行的课程方案总是难以被接受和普及，因此会造成他们对新课程的消极抵触，表现为不愿意接受新课程的理念和内容等，只喜欢按照自己原有对课程的理解以及课程实施的方法开展教学活动。布迪厄就曾经用“思想习惯”和“习惯意识”等词语来说明惯性。惯性往往表现为教师对已有课程方案和教学方式的习惯状态和趋向。表面上这种惯性从某种意义上显示出教师对原有课程的“得心应手”，实际上却让教师拘泥于原有课程，而缺乏对新课程改革理念和内容方法的接受和敏感度。相对于前两种意识，批判意识是教师对新课程的理性判断和思考，是真正意义上被唤醒的课程意识，在形式上表现为当教师面对新课程时并不是简单地对原有课程的否定和对新课程的全盘接纳，而是从理性的角度运用批判的视角积极地参与到新课程中，并在与原有课程比较的基础上根据实际施行情况对新课程进行反馈和调整。

体育教师专业知识技能的匮乏。传统课程更多的是强调教师应该很好地完成既定的课程目标，忠实地执行规定课程内容，而忽视了教师作为差异化个体在整个课程理解和实施过程中的多元化和其主观能动性，由此产生的后果是机械的课程实施，不可能提升教师的专业化进程，导致了教师没有好的专业能力以胜任课程改革的需要。目前，我国实行国家、地方和学校三级课程管理模式，赋予了学校一级的单位关于校本课程开发的课程权力，鼓励基层教师根据学校资源和条件充分开发校本课程。但由于长期受到传统课程发展模式的影响，我国中小学的体育教师大多缺乏课程权力意识，课程开发的能力略显不足，出现了教师的课程开发能力与教师课程权力不对称的矛盾。在此基础上要求体育教师参与课程设计和决策，需要他们付出比以往单纯从事体育课教学更多的工作量，这实则是提高了体育教师在课程实施过程中的难度。体育教师参与课程设计和课程开发的最大障碍表现在自身专业知识技能的匮乏。

体育教师职业特点的影响。教师的职业特点决定了教师保守的职业本质，对原有传统课程和教学的改革持抵制或者抗拒的态度，从职业属性上来看，每个人都有自己熟悉的职业活动领域，在这其中会有习惯的安全感和舒适度，一旦由外力打破或者改变这种习惯，就会引起一定的挑战。新的课程改革在一定意义上引起了体育教师对自己原有知识经验欠缺的忧虑以及对课程未知因素的恐惧，课程改革是否会给他们带来不利的影响和威胁成为他们担心的主要问题，因此会造成对改革的低效参与甚至盲目抵触。更有学者指出，选择教师职业的人更喜欢安定的生活节奏，崇尚精雕细琢的教学艺术以及体味独处的快乐，一旦改革影响教师在这些方面的喜好，也会遭到他们的抵制，这种抵制可以是消极应付的方式，也可以是公开反对的形式。①

由于一些历史原因，教师职业的社会地位一直以来不是很高，特别是体育教师，更是属于教师职业里的弱势群体，工作很辛苦但评优晋升等机会远远不及其他科目的教师，正是由于这些原因，体育教师在参与课程开发以及课程实施的过程中往往没有很高的积极性，学科弱势和职业地位的低下是影响基层体育教师参与课程改革不可忽视的因素。

“实用性伦理”使然。“实用性伦理”（practicality ethic）是指一种改革方案要符合工具性、和谐性和成本性三个基本原则。有研究指出，教师做出是否参与课程改革的决策时即遵循“实用性伦理”。② 其中，工具性原则要求课程改革的建议和原则能够转化为清晰可行的知识或者程序；和谐性原则要求课程改革所推行的方式方法和理念要与教师的现实处境相匹配；而成本是指教师对参与课程改革的代价与回报的理解和权衡。根据“实用性伦理”可知，如果课程改革在能让体育教师清晰地了解改革理念和方式方法的基础上，与学校、教师以及学生的实际条件相匹配而获得最大的成本回报，那么教师是愿意参与课程发展和改革的，反之则会产生抵触情绪。还有学者从利益最大化、边际效应最大化以及机会成本最小化等方面研究教师获得课程权力、参与课程改革的问题，并得出相似的结论。

---

① 卢乃桂，操太圣．论教师的内在改变与外在支持［J］．教育研究，2002（12）：55－59.

② Doyle，W，& Ponder，G. *The Practicality Ethic in Teacher Decision——making*［J］. Interchange，1977/78，8（3）：1－12.

4.5.2.3.2　外部原因

权力运行机制的欠缺。法国当代著名的哲学家和社会学家、思想大师皮埃尔·布尔迪厄在对社会生活的反观性探讨过程中提出“习性”（habitus）、“资本”（capital）和“场”（field）三个基本概念，其中的“场”就涉及权力关系中的地位分析。场域逻辑是他场域理论中的一个关键的概念，并进一步将场域逻辑定义为权力主体互动过程中制定的行动章程，这里的章程是以权力主体的力量关系和资本对比为基础制定的，可以等同为机制。由此将教师课程权力描述为：在课程权力运行场域中的各个因素按照行动者互动过程中的力量关系和资本对比而制定的逻辑原则。

在场域逻辑理论的基础上分析影响教师课程权力运作的机制主要包括三种，分别是制约机制、保障机制和激励机制。为保障课程管理活动以及教师课程权力规范有序运作的机制即是制约机制；为课程管理活动以及教师课程权力运作提供物质和精神方面保障的即为保障机制；为调动课程管理活动中教师课程权力主体主动性和积极性的机制即为激励机制。在教师课程权力施行过程中出现的赋权不当、权力失衡以及教师对课程权力的主动放弃和被动参与等问题都与相关机制的不完善有关。

制度和体制的不完善。这里所言的制度，主要指的是广义上国家法律和地方法规以及组织内部的规章制度，体制主要指的是指组织职能和岗位职责的配置与调整。从制度上分析，当前我国国家和地方的教育法律、法规以及学校内部的规章制度还不够完善，尚未形成一个完整的体系，而地方性的教育法规在激励性和灵活性方面存在不足，往往过于强调约束和规范的效力。教育部颁布的《基础教育课程改革纲要（试行）》中明确规定了教师享有一定的课程权力，但这种权力不具有法律效力，只是表现为国家教育主管部门在一段历史发展时期内在课程政策方面的规定。从体制上分析，目前我国中小学机构内的岗位配置失调和职责划分不明确等现象成为教师课程权力实施过程中存在的严重问题，最终导致组织职能的不明确。行政管理位置的责权分配不平衡，导致部分管理人员利用职权占用教师的课程权力而不承担任何责任，教师往往沦为他们滥用权力的“替罪羊”。学校内部以探讨和研究课程发展和交流教学问题为初衷而设置的校务委员会、教代会、教务处和教研组等组织，由于管理人员的用权不当而沦为控制和监督教师教学的组织。

课程政策的缺失。国家、地方和学校三级课程管理的模式表面上看在教材选择、课程决定以及校本课程开发等方面增加了学校的相应权力，但由于学校的综合管理考核、经费管理以及人事任免等权力并未实际下放，还依然维持着传统的行政管理模式，这种政策配套的缺失导致的课程资源匮乏是大部分学校在课程改革过程中面临的现实问题。一些经济落后的偏远地区还存在着由于办学基础薄弱等原因导致的课程资源条件与校本课程开发的需求不相称，加之教师队伍力量薄弱等师资条件的限制以及没有足够的经费进行课程开发，直接导致了以学校为单位、以校长和教师为代表、以校本课程开发为主要任务的课程权力有名无实。这也引起人们对国家分权的同时没有考虑学校、教师行使权力所必需的条件而导致赋权落空问题的现实思考。

应试考试制度的影响。体育与健康课程理念认为，体育课程不仅是特定知识和技能的载体，也是师生共同探究和创新知识的过程，教师和学生也不只是孤立于体育课程之外的个体，还是相互作用于课程的主体。在新的课程改革推进过程中，教师如何将新的理念贯穿课程改革始终，实现教师关注焦点从为应试做准备到促进学生身心健康、全面发展的转变是需要面对的一大难题。体育教师在对学生体育成绩进行评价时必须要考虑应试制度和学生选拔制度缺乏相应配套改革的现实问题，这也客观地影响了体育教师课程权力的施行。

某种程度上，在以考试成绩为选拔重心的传统评价方式的干扰下，势必会对校长的课程组织决策以及体育教师自主利用学校课程资源产生一定的制约，校本课程开发的地位也受到削弱，直接导致校长和体育教师陷入既看到校本课程在促进学生全面发展中的作用，又屈从于应试升学和学校声誉压力的两难境地，最终为满足学生家长要求以及保持和提高学校升学率，大部分校长和教师选择了低效参与体育与健康课程改革甚至放弃校本课程开发等课程权力。

## 4.6 价值之求——体育教师课程权力的价值诉求

基层体育教师被赋予一定的课程权力在某种意义上体现着各方利益的价值诉求，这主要表现在课程权力与学生发展、课程权力与教师发展以及课程权力与课程发展三个方面。

### 4.6.1 体育教师课程权力与学生发展

建构主义认为，学习者往往是带着原有的知识经验进入学习情境的，他们在对新知识接受的过程中会依靠原有知识经验来认知和判断，这就要求教师不能对学生进行简单粗暴的知识技能“填灌”。课程权力的获得有利于教师充分考虑到学生的个体差异，将这种差异看作教学的现象资源，找出差异“因材施教”。这里所说的体育教师课程权力对学生发展的影响主要表现在教师注重学生的个体差异并给予不同的影响。

教师课程权力促进学生的全面发展往往是通过教师获得并施行课程权力的良性运作过程来实现的，教师课程权力发展的终极意义是实现学生的全面健康发展。随着国际教育的发展以及国家教育发展目标的更新，越来越多的国家在进行教育和课程改革的过程中对学生的发展提出了更高的要求。我国在《基础教育课程改革纲要（试行）》中明确提出，新的课程改革要使学生“具有初步的创新精神和实践能力、科学和人文素养以及环境意识；具有适应终身学习的基础知识、基本技能和方法……养成健康的审美情趣和生活方式”。类似这种的纲要精神对学生的发展明确了标准，提出了更高的要求，同时也对教师的能力和素养提出了更高的挑战和要求。

教师作为课程实施和教学实践的主体，担负着教育学生和促进其全面发展的使命，教师的专业素养和品质是影响学生全面发展的重要因素。教师的专业发展和职业成长离不开专业自主权，而课程权力的赋予使教师真正从课程工具走向课程参与，由主体迷失走向主体自觉。因此，对教师课程权力的充分赋予以及良性运作是提高教师专业自主权的基础，由此更能促进学生的全面发展。

有学者从教师权能的角度研究指出，教师的课程权力影响着教师的自我效能感。课程权力能够使教师有信心运用自身的课程设计能力、教学组织能力及班级运营和管理能力等，促进其高效地完成工作，在提升自我价值的同时有效地促进学生的全面发展。① 教师的自我效能感是衡量教师工作投入和状态以及对自己专业认同程度的重要指标，一般认为，自我效能感高的教师更能以足够的热情投入到工作中，对学生的期望值也较高，不只是满足于停留在经验型教师的发展阶段，

---

① 张昭仁．教师权能——从心理权能理论谈起［J］．学校行政，2001（11）：112 – 140.

对专业的要求也不只是为了完成教学任务，而是更富有创新性并能够促进学生进行创新性的学习，自我效能感低的教师则恰恰相反。另外，教师工作责任感和使命感的增强也源于自我效能感的提升，这可以让教师更多地关注学生的专业学习以及身心的全面发展。同时，通过自我效能感的提升，教师获得了良好的工作状态，伴之而来的好的民主作风、工作情绪、心理特征以及教师的人格魅力等都对学生的学习产生潜移默化的积极影响。总之，赋予教师相应的课程权力，有助于增强其责任感和工作动力，从而达到提升其自我效能感的目的，在实现教师自我价值的基础上促成教学专业水平的提升，而这将使学生成为最终的受益者。

### 4.6.2 体育教师课程权力与教师发展

从权力的历史发展来看，对权力的向往和追求是人之常情，体育教师作为社会进程的一员也因此受到权力与个体发展关系的影响。课程权力在对教师的专业发展促进的层面上被看作与其职业发展联系最为密切的权力形式。教师的发展可以分为作为人的发展和作为教育工作者的发展，前者强调的是社会个体的人的发展，后者强调的是教育工作者的发展，无论从哪个方面，教师课程权力的促进作用都是显而易见的。马克思将自由时间、自由个性以及自主活动作为衡量一个人全面发展的三个基本标准，按照这个标准的划分，课程权力可以让教师根据学生的发展需要，排除烦琐的日程事务，自由地支配自己的教学空间和时间，按照个人意愿、能力差异等因素灵活地安排课程事务，表现在对学校课程决策以及课程实施的自主参与，灵活多变地进行课堂教学。

“教师即课程”的理念要求我们将教师课程权力与教师专业发展进行整合，把教师的课程权力、教师的专业发展以及学校、学生的发展结合起来进行考察。由此可见，赋予教师相应的课程权力能带给基层体育教师更大的发展空间和全新的课程内容，这就要求教师根据课程目标的要求以及自身专业优势不断进行教学反思，对校本课程开发和课程教学实施进行科学设计。课程权力有效运作的过程本身就包括体育教师对课程改革理念的理解、课程资源的开发、学校学生学情的分析等内容。体育教师的发展和课程权力的赋予是相互的，教师的赋权是教育增能的必然，也是教师专业发展的要求。由于社会发展的需求，知识更新的速度在加快，课程变革的周期在缩短，教师原有的知识储备和教学经验受到了前所未有的质疑和挑战，他们会感到来自对新课程理解和实施方面的压力，这就需要体育教师不断学习，尽快更新专业知识技能，提升对新课程的理解。因此，赋予教师课程权力有助于激发教师的主动性和责任感，为教师的进一步发展提供动力。

莱特福特指出，“赋权”应被理解为组织内的个人为了争取自身的选择自由、自主的空间和尽一己的责任而参与组织决策的机会。[①] 课程权力使教师想象力获得相应的空间，让教师在行为和观念上获得“主体解放”的同时，敢于创新并有助于其教育智慧的形成，实现其主体性价值。新课程改革呼吁教师对素质教育、健康全面发展教育理念的认同，同时也对教师的专业素养提出了更高的要求，教师的专业全面发展被上升到前所未有的高度。然而，在教师参与课程改革的实际进程中，我们不难发现存在着过度关注教师专业技能的倾向，片面强调教学实效的唯专业主义，教师职业伦理的成长常常被忽视。正如麦克尼尔所言：“成功实施改革的前提就是教师专业发展，严重依赖技术的革新却是短命的。”[②] 当前，体育教师在新课程改革的过程中表现出来的自我发展意识淡薄、自主性不强、专业认同度不高等问题的根源是教师的主体性地位没有得到确立，教师的自我实现成就感差。教师的专业自主是教师自我实现过程中学生发展和教师自我发展两个方面的前提。课程权力的赋予是教师专业自主权的集中体现，是教师自我实现的基础和前提，课程权力的良好运作有利于教师自觉地养成良好的专业伦理素养。

赋予教师适当的课程权力是促进教师专业发展的客观需要，教师的专业自主权、专业技能以及责任感一直是教师专业化以及专业发展的主要内容。研究者们基于教师领导的理论视角认为，只有赋予教师更多的课程权力，为其提供更多的发展空间，才能促成教师持续而有效的发展。有学者指出，“赋权”可以理解为组织内的个人为了争取个人的选择自由、自主的空间和尽一己的责任而参与组织决策的机会。因此，赋权的专业发展就是要增加教师的个人选择、自主空间和参与设计的机会。[③] 所谓的“赋权增能”是指教师“有实行意念及决定如何执行自己专业的机会和信心”，“真正的赋权可以引起教师专业性的提高，因为教师认为他们

---

① Lightfoot, S. L. *On Goodness of School*: *Themes of Empowerment* [J]. Peabody Journal of Education, 1986, 63 (3): 9-28.

② 赵虹元. 基础教育教师课程权力研究 [D]. 重庆：西南大学，2008: 65.

③ Lightfoot, S. L. *On Goodness of School*: *Themes of Empowerment* [J]. Peabody Journal of Education, 1986, 63 (3): 9-28.

需要参与，也有责任参与相关的决策过程”。[①]

教育部于2001年颁布的《基础教育课程改革纲要（试行）》对在体育与健康课程中体育教师的责任做了明确的规定：体育教师应做到在教学过程中积极地师生互动，注重学生的积极性以及自主独立性的引导和培养，同时应注意处理好教师体育知识技能传授与学生体育学习能力培养之间的关系；注重师生在体育学习实践过程中的质疑和调查，倡导在体育教师指导的基础上学生富有个性地参与体育学习过程；要求体育教师能够关注到学生的个性差异并能尊重每个学生的人格，在内容上满足不同学生的体育学习需求，创设有利于学生积极主动参与课程学习的良好教学环境；要求体育教师教会学生在掌握体育知识和运用体育技能方面的体育能力，培养学生经常主动参与体育锻炼的习惯以增进其健康，增强其体质，达到学生终身体育锻炼的效果，从而实现每个学生的全面和谐发展。[②]

### 4.6.3　体育教师课程权力与课程发展

教师在教育活动领域扮演着其他课程研究者无法替代的课程角色，课程发展的必然选择是赋予教师一定的课程权力并使之成为课程发展和参与的主体。

首先，教师应从被动参与的课程执行者转变为主动参与的课程决策者和领导者。传统自上而下课程模式下的国家统一课程在形式上基本剥夺了学校和教师对课程的决策参与权力，D. 科恩曾指出，“教师能最充分了解自己学生的能力和兴趣，所以，这些作为学校教育专家的教师能够做出最佳的课程决定”。[③] 从学校方面考虑，教师在课程决策方面的积极参与不但有利于将国家和地方课程与学校课程的适应性结合，更有利于基层体育教师充分发挥自身的创造性，根据学校和教师、学生的实际情况，利用学校资源进行校本课程的全面开发，使课程最终适用于学生的全面健康发展；从国家方面分析，基层教师参与课程决策和领导有利于课程开发、课程实施和课程评价的多样性和适应性。体育教师对课程的参与和领导本身就是教师参与学校课程事务的过程，增强了教师对课程改革理念的理解，

---

① Melenyzer. B. J. *Teacher Empowerment: The Discourse, Meanings and Social Actions of teacher* [A]. Paper Presented at the Annual Meeting of National Council of States on In—service Education, Orlando, Florida, and November16 –20, 1990.

② 教育部. 基础教育课程改革纲要（试行）[S]. 2001. 6.

③ 江山野. 简明国际教育百科全书：课程 [M]. 北京：科学教育出版社，1991：147.

把教师的课程观念融入学校课程事务有利于提升基层教师的课程使命感和投入度。

其次，体育教师应找到作为课程实验者和实践者的角色定位。西方发达国家课程改革的经验表明，新课程在推广普及之前大概经历实验室实验、小规模试点和现场实验三个阶段，而最终要在学校教育情境中予以实施。基层教师具有天然的真实场景的课程实施优势，他们的课程实施反馈和建议对新课程的推行有重要的参考价值。但在体育与健康新课程改革的过程中却人为地忽视了基层体育教师作为课程实践者和感悟者的课程反思，而是让他们听取课程研究者的指导，这必然造成课程设计与课程实施的脱节和分离。在此意义上，赋予基层体育教师更多在话语权方面的课程权力，有利于倾听来自课程教学一线的声音，这显然对课程反思和课程的完善是有帮助的。

再次，体育教师作为课程开发者和研制者的角色定位。课程改革的终极意义是实现学生的全面发展，弗雷斯特·W. 帕克和格伦·哈斯总结出未来对课程规划产生重大影响的十个问题：种族和文化差异的不断扩大，环境，价值观和道德观的改变，家庭，微电子革命，职业的不断更替，平等权力，暴力和犯罪，生活目的和意义的缺失，全球的相互依赖。[①] 体育教师处在体育与健康课程实施的最前沿，与学生进行面对面地交流，更能捕捉课程反馈信息以及学生的需要，赋予他们更多在课程开发和研制方面的课程权力，无疑可以使体育教师更好地利用课程资源，开发出更多满足学生不同需要的课程形式，从而促进学生的全面发展。

最后，体育教师应该找到课程评价角色的准确定位。教师的课程评价贯穿课程实施的全过程，也是最有发言权的评价，包括对课程本身的评价、对课程实施的评价、对教师的教学评价、对学生课程学习的评价等。通过课程评价权力的实施，教师能够对教材、教学方法、教学效果等进行反馈和反思。因此，教师的课程评价权力通常被看作教师课程权力中最实际、最有效的权力，直接关系到课程革新和课程实施的顺利进行。

以往大规模国家课程经常出现“一试点就成功，一推广就失败”的尴尬现象，其中国家课程集中开发模式本身存在很大弊端，成为课程推广和实施的困难甚至失败的根本原因。这种集中制的模式在形式和过程中人为地割裂了课程决策与课

---

① 弗雷斯特·W. 帕克，格伦．哈斯．课程规划——当代之取向（第七版）［M］．谢登斌，俞红珍，等，译．杭州：浙江教育出版社，2004：60.

程实施两个互为关联的系统，导致课程在具体的推广和实施过程中出现失真现象，即不接地气。作为从事教学的基层教师在课程的具体实施过程中很难清楚地了解和领会课程设计者的意图和理念以及课程目标和课程内容中细微的革新，如此的课程改革和推广往往造成看上去轰轰烈烈、大张旗鼓，实则“干打雷不下雨”，很难取得实际成效。

赋予一线教师适当的课程权力，让他们亲身参与到整个课程改革的过程中，有利于将基层教师的教学实践经验作为顶层设计的实际参考，有利于教师充分理解和领会课程改革的理念和内涵。首先让教师厘清、吃透整个课程设计，只有这样才能设计出既能试点又能推广的“接地气”的新课程。

## 4.7 路径之选——体育教师课程权力的实现

### 4.7.1 体育教师课程权力实现的背景条件

#### 4.7.1.1 体育与健康课程改革的内在要求

体育与健康课程改革的内在要求可以被视为体育教师参与体育与健康课程改革的现实基础，“没有哪一个国家的课程编制和决策过程是由某个人或者某一个机构来独立完成的，参与课程编制和决策的个人和机构应该被看作一个整体，这个整体包括个人、科研团体、全国性协会组织或者国际性研究组织等。”① 我国目前体育与健康课程改革的整个过程都体现了国家意志的控制，表现形式是典型的自上而下国家层面的系统改革模式。但在现实情景中，诸如课程标准的制定、教材的编制等课程改革的任务是无法在国家宏观层面直接完成的，需要将其分配给相应的社会层面的力量协助完成。相对于国家层面自上而下的改革模式，与之对应的是以学校为发起点的自下而上的改革模式，即以学校课程改革为依托的内生性课程改革，这种模式是校长和教师依据学校的培养目标、师资情况及学校和学生特点进行的课程改革，受国家课程改革标准的规范和约束。

体育教师作为体育与健康课程改革的中坚力量，不但是学校体育课程的实施者，也是学校体育工作的主体之一。在此意义之上，无论是国家层面自上而下的课程改革还是以学校改革为起点的自下而上的课程改革，如果没有体育教师的广

---

① 菲利浦·泰勒，科林·理查兹．课程研究导论［M］．王伟廉，高佩，译．北京：春秋出版社，1989：42.

泛参与，都将举步维艰，难以成功。

联合国教科文组织明确提出："教师的态度是具体教学改革成败的关键所在，而许多现行的课程改革在形式上表现为将基层教师排除在改革方案的设计过程之外，由所谓的课程研究专家提出并设计改革方案，并强加于教师身上，这种典型的专家统治型的课程改革模式几乎很少有基层教师的参与，根源于课程设计过程对教师的不信任，而最终导致基层教师对改革方案的不信任。表现为基层教师表面上不反对课程改革，但却反对将自己未参与的方案交给自己施行，尤其还是以强加执行的方式。因此，基层教师积极主动地参与教育改革方案的设计、决策等过程并主动参与改革实施过程对于教育改革是非常重要的。"① 从实践意义来看，教师作为学校教育工作的主体之一，在各主体互动的课程改革过程中教师不应该是被动参与者，而应是课程改革的重要力量。

4.7.1.2 课程权力多元化的发展必然

在之前的概念界定部分，本研究将权力概念作了广义和狭义之分，广义的权力是指某种影响力和支配力，狭义的权力特指国家权力。而权力就主体而言，又可分为国家权力、社会权力和个人权力。权力的更迭大概经历了这样一个阶段，即随着社会的进步，原本最原始的个人权力分解并转让给社会成为社会权力；进而随着国家的产生和发展，一部分社会权力又让渡给国家形成国家权力；随着国家的强大和阶级意识的增强，国家权力逐步掩盖了个人权力，随着人类文明的进步和教育民主化进程的推进，个人权力的重要性和必要性越来越被人们所重视，国家、社会、个人权力共有理念下的"赋权增能"成为必然，这同时也决定了权力的多极化走势。

从国际对比的视角分析课程权力的发展可以发现，相向而行的权力体制成为一种趋势，表现为一些早期实行集权制的国家逐步倾向于分权和放权的适度发展，实行分权制的国家有向集权制课程权力发展的趋向，集权与分权制衡下的多样化成为大势所趋。我国课程权力的发展过程也是从中央过度集权的课程权力体制向国家、地方和学校三级课程分权管理体制的适应和过渡，在课程权力历史发展制

---

① 联合国教科文组织国际教育发展委员会．学会生存——教育世界的今天和明天［M］．华东师范大学比较教育研究所，译．北京：教育科学出版社，1996：222.

衡过程中，使得基层教师拥有课程权力成为一种共识，这种课程权力多样化、多极化的发展也使得基层教师更进一步深层次地参与课程成为现实。

4.7.1.3 体育教师参与课程改革的内在需求

基层体育教师参与课程改革的过程是由具有权力和权威的社会个体“人”和具有专业自主权的“教师职业”共同决定的。“许多团体和个人都想对应该教什么的问题争得一份发言权，没有一个单一的来源认为自己有足够的影响和力量”。[①] 因此，所有参与到课程活动过程中的组织和个人都应该被视为课程权力的主体，教师作为具体教育活动的实践者也理应被视作课程权力的重要主体之一。教学实践活动不但要求基层教师对课程宏观理念及具体实施过程具有深刻的理解以及准确的辨别和判断，而且要求教师在具体教学实践过程中能够根据教学的实际情况对教学各个环节进行科学的设计和灵活的实施，整个过程需要基层教师付出大量创造性的教学实践劳动。课程权力使教师在受权和用权的过程中依据课程目标和理念的指导，按照自己的能力和意愿自主决定课程事务，参与课程决策和课程开发，进行具体的课程实施工作等。同时，在这个过程中教师对课程的相关内容有了深刻的体会和了解，在参与整个课程实施的过程中积累了相应的教学经验，形成了属于自己的教学风格。

赋予基层教师课程权力，实现了他们从对课程的被动执行转向对课程的主动参与，激发了教师在课程实施过程中的积极性和主动性，课程的内容和形式也因为教师的课程创生而变得丰富多样，同时也有利于教师专业水平的提高，为学生教育和教师专业发展提供了平台，促进了教师和学生的共同发展。

### 4.7.2 体育教师课程权力实现的现实困境

4.7.2.1 体育教师课程权力的不足与缺失

我国三级课程管理体制对应的分别是国家本位课程、地方本位课程和学校本位课程，其中国家本位课程是国家教育意志的体现，也是我国课程的主体部分，是衡量我国基础教育质量的标志；地方本位课程是以省（自治区、直辖市）等行政单位的政治、经济、文化需要为依据，当地教育行政部门开发的课程，是国家

① 约翰·D. 麦克尼尔. 课程导论［M］. 施良方，唐晓杰，罗明东，等，译. 沈阳：辽宁教育出版社：1990：340.

课程的重要补充；而学校本位课程则是基层学校利用所处地域环境和本校课程资源自行开发并供学生选择的课程形式。

仅从权力分配的现状来看，目前我国国家课程依然占据绝对统治地位；地方和学校分配到的权力很有限，特别是在现行科层制管理模式下；基层教师处于最底层，相关课程权力受到教育行政部门、分管校长以及各教研组（室）负责人的控制和约束。在具体的课程实施和教育实践过程中，基层教师实际上成为游离于课程决策之外的被动参与者、盲目模仿者和机械执行者。在某种程度上，“教师对知识的限定即是处理、准备‘药剂’，并按‘处方’的剂量分配知识”。[①]

#### 4.7.2.2 体育教师课程权力的失衡与放弃

体育教师课程权力的迷失现象在当前体育与健康课程改革的进程中非常普遍，主要表现为对体育教师课程赋权的失衡以及体育教师主动放弃课程权力。表面来看，相关教育法规和课程管理政策在法定层面赋予了基层体育教师一定的课程权力，但在课程实施的过程中却表现出体育教师只是被动地参与课程实施，只是享有在课程教学过程中的方法运用、课堂设计等方面的有限权力，而在课程决策以及课程评价等方面却没有实质性的权力，表现为课程权力的“附庸”地位。而权力往往与利益和职责息息相关，体育教师在希望获得课程方面实实在在的权力的同时，又感受到要承担当前课程改革下较之以往更多的工作职责，这种权力获得、施行的满足感以及相关利益获得的喜悦感并不明显。[②] 体育教师在课程改革的实践过程中往往处于机械执行、疲于应付的境界，久而久之很容易形成对课程改革的抱怨和厌倦，于是对课程权力的主动放弃成为他们无奈却又现实的选择。

我国体育教师长期被动的课程角色，导致他们普遍缺乏课程开发意识。新体育与健康课程标准明确要求体育教师要具备课程创生与设计的能力，在课程领域目标与课程水平目标的实现方面应以全新的课程观为指导，创新教学内容和方法，这就对基层体育教师提出了更大的挑战。然而，广大体育教师并未做好充分的心理准备，且缺乏相应的课程素质和能力。他们不得不付出比以前更多的努力以适应新课改的需要，但现行评价体制又使他们疲于应付，难以适应新课改的要求，

① 郝德永．课程研制方法论［M］．北京：教育科学出版社，2000：234.

② 刘永林．论中小学教师的课程权力与制度保障［J］．课程．教材．教法，2005（6）：13－16.

甚至出现教师不知道该听“哪家之说”的尴尬。因此，对大多数体育教师而言课程权力改革成为额外的负担。

### 4.7.3 体育教师课程权力的实现路径

“中小学体育教师在新课程改革的进程中是否该获得应有的课程权力”的问题是从“应然”的角度探讨基层体育教师获得应有课程权力的发展需求和现实诉求，而“中小学体育教师能否真正享有课程权力并合理施行”是需要从“实然”的视角进行分析和探讨的。这一探讨需要从两个方面进行，一是相关教育法律法规是否赋予了中小学体育教师一定的课程权力，以及中小学体育教师的课程权力是否得到了社会以及学校和家庭的支持；二是中小学体育教师本身是否具备在实际体育与健康课程实施以及教学过程中有效施行相关课程权力的能力。

研究发现，通常把体育教师参与学校校本课程的开发当作基层体育教师实现相应课程权力的突破口，在这个基础上的课程权力实施应注意两个方面的内容，一是学校内部传统行政层级以及行政结构的改革，通过这种方式打破传统层级限制，让更多的基层体育教师参与到课程决策、课程目标制定、课程内容选择等课程事务的决策过程中；二是建立体育教师课程权力分配运行的良性循环机制，探索课程权力的共有模式以及课程权力的多极化模式。麦若夫在其研究中指出为教师赋权的三项策略，分别是提升教师地位、使教师更有学识和为教师提供更能接近并进入权力中心的实践和机会。① 其中“使教师更有学识”是最被重视的策略。“使教师更有学识”体现了教师“赋权”“增能”和“增能要权”三者的更好结合，最终实现三者辩证统一基础之上的教师专业自主。

福柯作为权力理论界的大师曾把权力归结为一种特殊的力量关系，这种关系表现在权力行动双方在特定情境下的力量对比，而权力双方的力量对比、资本积累以及权力运行的环境将决定权力运作的最终实际效果。研究表明，只有在“权力制衡”的环境下，权力才能更有效地运行。“权力制衡”指的是权力双方的力量资本处于持平状态，能够做到制衡与对抗，这里的持平状态表现为权力和责任在某种标准下的明确划分，而不是在力量、资本方面的完全对等。各个权力主体相

① Maeroff. G. *The Empowerment of Teachers: Overcoming the Crisis of Confidence* [M]. New York: Teachers College Press, 1988: 51-65.

互监督和制约，这种形式的监督和制约往往建立在权力资本的重组并形成合力的基础上，进而实现权力各方的目标。从权力制衡理论的视角可知，一段时期以来我国体育教师课程权力运行中存在的问题主要是各个权力主体相互之间的权力配置不均衡、责任划分不明确以及制约机制的缺失等因素引起的。本章旨在以权力制衡理论、福柯权力理论作为理论基础，以教师课程权力实际运行过程中出现的问题作为现实参照，尝试探索体育教师课程权力实施的外部条件以及内部环境，以使体育教师课程权力健康有效地运行。这种理想中的内部环境和外部条件大概包括国家政策、社会、学校以及教师自身等几个方面的内容。

4.7.3.1　国家合理放权和权力制衡（体育教师参与课程改革的表现形式）

4.7.3.1.1　法权分配下的课程参与

教师的课程权力是一种专业性的权力，也是一种合法性的权力，国家应该从教育法律法规的层面规定并保障教师课程权力的合法地位。纵观我国体育教师在课程权力施行过程遇到的问题，很大程度上是有关法律法规的保障不健全导致的，教师课程权力的被侵犯以及课程权力实施过程中的异化问题等，都与法权规定的不完善有关系。这种法权规定的不完善主要表现在以下四个方面：一是无法可依，有关教师课程方面的权力在我国的法律法规中存在空白，一些涉及教师行使课程实施权力的条文笼统抽象，对权责划分的表述显得含糊不清，这直接导致教师的课程权力得不到有力的保障和支持。二是教师的课程权力作为其专业权力的一部分在课程改革的政策中被提及，相关权力的内涵及权限范围等还停留在低水平的呼吁和倡导阶段，这种权利的实现仅仅靠政策指导和专家呼吁是远远不够的，只有健全的法制才能给予教师课程权力应有的身份和地位。三是缺乏相应的监督教师课程权力运行的法律法规，这直接导致了许多权力在运行过程中出现越权和失衡现象。四是对侵犯、剥夺教师课程权力的行为没有相应制裁的法律法规，使得一些侵犯和剥夺课程权力的现象屡屡发生却不能得到很好的规避和遏制。因此，鉴于教师课程权力在法律法规领域存在的问题，应该从以上四个方面进行完善，国家制定的法律法规必须遵循教育的规律和课程的规律，做到具有一定的法定性、实操性和督导性。

目前我国实行的国家、地方、学校三级课程管理体制形成了国家、地方和学校三者分享课程权力的格局，这也决定了三者同时向教师分配权力的格局，实际上是一种国家层面主导的权力下放。基层教师在这种分权格局下的课程参与主要表现为“被邀请参与”和“主动争取参与”。在课程权力纵向分配的前提下，从权力作用的过程和范围来看，教师的课程权力主要分为以下几种：课程计划的编制、建议权，课程标准的编制、建议权，教科书的编写、建议权，课程标准、课程计划和教科书的参与决策权，课程标准、课程计划和教科书的实施、解读权，课程标准、课程计划和教科书的实施评价权，“一纲多本”和“多纲多本”课程实施环境下的选择权和监督权等。

有教师参与的课程实际上是教师以课程决策、计划以及实施者身份出现的课程，是一种具体实践操作的课程，教师由计划、决策到具体实施，从发现学生课程学习的问题到探寻自己在教学过程中实际遇到的问题，再到反馈、修正，直到解决问题，这个过程是大多数教师所能接受并喜爱的课程模式。当基层教师扮演教育和课程改革者的关键角色并以主人翁的身份参与其中时，便会对自己的教学过程、学生的课程学习以及教学质量和师生互动等进行实际的关注和探索，并能发现问题提出意见，充分发挥其参与主体的作用。基层教师以“反思的实践者”以及“反思的研究者”的身份参与课程，有利于他们以一种自下而上的反馈模式对课程目标的完善以及课程内容的调整等做出贡献，并能激发其教学的积极性和创造性，有利于他们更新教育观念、完善教学技能以及挖掘自身的教学潜能。

4.7.3.1.2　构建制度保障

英国著名的课程论专家斯坦豪斯在其著作《权力、教育和解放》中指出，教师的自主权是课程改进和更新的基础，主张让基层教师参与课程变革的“过程模式”，让课程的发展和教师的专业发展成为课程改革的两部分。我国现行的国家、地方、学校三级课程管理体制已经使基层教师较以往具有了一定的课程权力，但从教师课程权力的长远发展来看还远远不够。以政策、制度的形式，在课程方面以法定的方式赋予教师更多的自主权，提高基层教师在课程决策、课程参与、课程设计、课程实施、课程评价中的地位，使教师在该教什么、怎么教等环节具有更多的话语权，这应该是对教师课程权力发展最行之有效的干预。

另外，课程评价体制对于教师课程权力的施行起着重要的决定作用。在某种意义上，有什么样的课程评价体制将对应着有怎样的教师课程权力的运行方式。因此，建立一整套科学、合理、有效的课程评价体制直接决定着教师课程权力运作的成败和效果。在我国，课程评价具有无以取代的地位和作用，犹如一根无形的指挥棒调动着教育教学领域的人力、物力和财力，直接关系着包括学校和教师在内的各个因素的前途命运。这是因为，我国与课程改革相关的教育行动以及相关课程政策的制定和颁布都是以课程评价的结果作为参照的。

课程评价体制主要从三个方面影响和制约着教师课程权力的运行，一是课程评价的内容和标准直接决定着基层教师的课程开发和教学实践的内容，从而限制了教师课程教学所选择的内容、方法等；二是传统课程评价的方式大多注重评价结果的机械化量化，很少赋予教师自主参与课程实施评价的权力；三是教师参与课程实施评价的机会较少，评价的范围受限，许多对课程实施的评价只是限定在教学课堂里，而对课程目标、教材以及学生的学业成绩评价涉及太少。

传统课程评价体制的模式已经难以适应新课程改革的需要，甚至影响到教师课程权力的实现，改革原有课程评价体制，使评价真正体现发展性课程评价的理念，有助于学校课程的开发和教师专业的良性发展以及学生的全面发展，最终促进教师课程权力的实现。应该从以下三个方面进行改进：一是逐步以发展性的过程课程评价取代以结果量化形式的课程评价，并让教师亲身参与到具体的课程评价过程；二是重新调整并丰富课程评价的内容，让评价的内容能涵盖整个课程运行的过程，并让一部分课程内容的评价权力回归教师，让教师参与到具体的课程评价过程中，行使课程评价权力；三是尽量在形式上扩大课程评价的范围，让教师有更多参与课程评价的机会。

4.7.3.1.3　提升专业自主权，促进专业发展

教师课程权力的获得和行使一方面需要政策、制度的规定和支持，另一方面必须加强教师职业的职业标准、专业技能要求。提升教师专业自主权，强化作为专门职业的教育权力应成为国家推进教师专业化的重点工作。教师在拥有课程与教学专业自主权的基础上，在课程参与决策、课程实施、课程评价等方面不但具有法理权威，而且在专业范围内具有不被干涉的专业权威。

任何课程改革都是一个通过教师的教学活动把新的课程思想和理念传达给学生并形成实践经验的过程，这个过程如果离开基层教师的课程理解、课程实施以及专业能力，单凭行政制度的法理规定是难以完成的。为教师增能、促进教师专业发展的主要途径就是对教师进行集中培训。然而，我国的几次课程改革都很少

将教师的专业发展列入改革规划，课程改革没能很好地与教师的岗前及在岗培训结合起来。当前，大多数教师的岗前培训只是重视学科知识的掌握和教学方法的培训，很少涉及教师的职业规划等内容。大多数的教师培训注重教育学、心理学以及教学方法的学习，与课程改革本身相关的以及与教师职业规划、教育思想形成发展的课程及培训少之又少，这直接导致了狭隘的学科教育和单纯的知识传授局面的形成，造就了一批注重传统教习的教书匠，这显然难以满足新课程改革对教师的要求。另外，许多教师在岗培训进修的内容偏向于提高教师的专业技术技能，而在内化教师职业价值、规训职业规范以及培养新的教育理念等方面涉及不多，就此造成课程意识的缺失以及课程专业能力的匮乏，成为阻碍教师参与课程发展的主要障碍。

首先，教师培训是教师专业发展的促进手段，应改变以行政化促进专业化、以技术化驱动专业化的发展模式，这种基于行为主义心理学基础的技术模式，在深度和广度上都过度强化了教师对课程的从属。中小学教师的培训应探索多样化的专业发展道路。在实践中应探索教师校本课程培训、教师课程行动研究等，不是单纯强调技能化要求，而是以行政制度化约束和强化的培训模式，注重教师课程意识的养习以及课程改革中新课程理念的培养。另外，基于传统行政层级下的教师应加强年级组、教研组以及教师间的合作与交流，与师范类专业院校以及教育研究机构建立学习共同体，以弥补基层教师在课程改革思想、课程理论和课程开发技能方面的不足。

其次，提升自身专业素养是体育教师课程权力施行的基础性保障。教师课程权力的习惯支配着教师自身的感知与行为，并将这种感知与行为、过程和结果联系起来，以一种无意识的状态指导教师课程实践的内在心智。也就是说，教师课程权力的习惯直接影响着教师对课程权力运行的认知与态度、方法与策略以及结果的反思。因此，体育教师在行使课程权力的过程中应该打破旧有的、落后的权力习惯，通过“实践—反思—再实践”的过程，逐步形成稳定的关于课程权力的“情境—行为模块”，并使之在课程实践中作用于教师的课程权力行为。养成良好的课程权力行使习惯可以从两个维度进行探讨，一是教师意识层面的转变。在课程实施取向方面，由盲目忠实取向转向自主创生取向，在教师与课程关系方面，树立课程领导者的角色意识，在教师专业发展理念方面，树立师生共同发展的目标意识；二是教师专业能力的提升。教师的专业能力决定着教师课程实施的活动范围、方式方法、反思研究能力以及结果总结和评价能力，进而决定着教师行使课程权力的最终结果。一般来说，在体育与健康课程改革理念指导下，新时期体育教师的专业能力包括课程开发能力、教学能力、师生交往能力、课堂组织管理能力、教育研究和创新能力、课余训练指导能力等。

#### 4.7.3.2 社会和家庭对体育教师的认同和期望

教师课程权力的实施表面上看起来是教师在学校内部的权力运作，其实却受到社会以及学生家长的外部影响，并在一定程度上对教师的课程权力产生积极或消极的影响。学校作为课程实施的内部场域时刻与社会及家庭等外部场域进行着信息、资源、人员等的沟通和交流，家长与社会对体育教师的认同和期望对体育教师课程权力的施行产生不容忽视的影响。

社会对教师课程权力的影响主要包括两个方面的内容：第一，教师课程权力的运作得到了来自社会各方面的支持，包括人力、物力资源方面的支持和专业性的技术支持等。表现在许多社会专家、体育工作者、课程研究者对学校课程开发以及课程实施提供帮助和指导，社会场地等资源对学校的开放等。尤其是社区中的各种资源对学校课程的开发和实施以及教师施行课程权力都有着很大的帮助。第二，社会对整个教育的态度和学校的文化氛围对教师的课程权力施行产生很大的影响，最明显的就是尊师重教的社会风尚以及社会对教育活动和体育教师的职业认同，这直接影响着体育教师进行课程实施和运行课程权力的积极性。形成尊师重教的良好社会风气，有利于激发体育教师的职业认同和自我实现，这对于课程权力的施行无疑是巨大的动力所在。

家长是影响体育教师行使课程权力的又一重要的因素，而这种影响主要体现在学校教育是否与家庭教育的一致上。具体来讲，当家庭教育的内容、要求和方法与学校教师教育之间存在差异甚至是冲突时，教师课程权力运作的效果将产生一定的抵消，甚至造成教师课程权力的行动终止，这显然不利于学校教育以及教师课程权力的运行；当家庭教育与教师教育达成一致时，或者家长认同、支持教师的教育并主动配合、参与到学校教育中来，就会进一步提高学生的学习兴趣并能相应地减轻教师的教学负担，形成一种和谐的“家校共建”局面，这显然更有利于教师课程权力的实现。然而现实中，大多数家长还是应试教育观念，把学生在学校的文化课学习成绩作为对教师教育的唯一衡量标准，这显然与课程改革中健康第一、全面发展的理念不符。家长如何转变传统观念，支持并参与学校体育与健康课程的开展是促进学校体育与健康课程建设以及体育教师课程权力运行的重要因素。

4.7.3.3 学校对体育教师的支持

学校作为国家三级课程体系中最基层的课程管理及实践单位，直接决定着教师参与课程发展以及获得并行使课程权力的效果。经前文研究发现，当前我国学校层面对教师参与课程改革，获得并行使课程权力的支持力度还远远不够。许多学校在片面追求升学率，对学校体育与健康课程改革的热情不高，甚至对教师参与课程发展，获得并行使课程权力持有怀疑和排斥的态度，加之学校师资条件薄弱以及师生配比的严重失调，体育教师承担着过重的教学任务，这使得教师只是满足于完成课时任务而无暇顾及课程改革的施行，更没有精力参与到课程研究的环节。鉴于此，要想让基层体育教师真正参与到体育与健康课程改革中，让课程改革的新理念在最基层的学生体育课程学习中获得实践和体现，学校必须扮演好相应的角色，承担起应有的责任和义务。

首先，要发挥校长的领导和协调作用。学校分管领导应注重营造学校体育与健康课程改革的良好氛围，重视体育课程、体育教学在整个学校教学和运行中的重要地位和作用，通过多种活动加强领导与教师之间以及教师与教师之间的交流和沟通。学校校长是学校行政领导和教育教学活动的学术带头人，校长能否扮演好协调和领导角色在某种程度上决定着教师课程权力能否拥有和施行。校长的领导责任包括两个方面的内容，即行政事务领导和课程领导。其中课程领导是指校长对国家课程的传达以及学校的课程设计、实施和评价所进行的一种沟通协调的专业性领导。目的在于协调并完善学校的课程运作机制，提升教师专业技能以及促进学生的全面发展；内容包括组织教师进行专业培训，带领教师进行新课程的学习和教学以及校本课程的开发，组织学术型问题的研讨和对校内课程制度提出建议和修定方案等。因此，教师的课程权力发展依赖于集行政权力和学术权力于一身的校长，校长更应该秉承教育发展和课程改革的先进理念，先做教育家再做管理者，做到为教师课程权力的获得和运行服务。

其次，是对学校课程事务制度的改进。学校课程事务制度的不完善是造成教师课程权力运用受阻的重要原因，当前中小学体育与健康课程的具体教学进度安排、课程内容选择、教学组织形式、教学考核评定等都需要听从学校分管课程工作的行政办公室的安排，这显然侵犯了本该由体育教师享有和分配的课程权力。因此，想要取得学校体育与健康课程的健康发展，让基层体育教师在更加宽松的环境下实施课程权力，就必须改革现有的学校课程事务制度。这涉及以下两个方面的内容：一是对权力和职责的重置，即明确体育教师课程权力的具体内容和职责范围；二是学校制定内部保障体育教师课程权力实施的制度，包括保障制度、制约制度和激励制度。为保障制度的可操作性，需要明确各种制度的细则，如体育教师进行校本课程开发的类型、内容、时空以及结果评价等，另外还需要为教师行使课程权力提供必要的经费支持和资源保障等。鉴于基层体育教师在完成课业任务的同时参与课程改革要耗费更多的时间和精力，学校应在给予适当补偿的同时建立起合理的评价机制，对积极参与学校课程发展以及校本课程研究的教师给予相应的奖励，如职称评定加分、晋升机会优先等提高其积极性的激励性机制。教师参与学校课程建设势必比日常教学需要更多的设备、器材、场地等，学校应该在资源分配方面给予支持，尽量为其提供相对充分的课程资源以满足教师参与课程改革的需要。

最后，是学校组织文化的建设。沙因曾指出："组织文化是一个组织最基本的思维方式——是组织在适应外部环境和内部融合过程中独创、发现和发展而来的思维方式，这种思维方式被证明是行之有效的，因而被作为正确的思维方式传输给新的成员，以使其在适应外部环境和进行内部融合过程中自觉运用这种思维方式去观察问题、思考问题、感受事物。"① 以组织文化的形式使体育教师的课程权力深入人心也是一种不错的途径。组织文化可以让组织成员在实践活动中内化为自己的情绪系统，并让其经验不断地出现在今后的个人行动中，从而指导其实践活动。因此，学校作为众多教师工作的公共场所，理应建立为大家所认同、熟知并接受的组织文化，使包括教师在内的所有人员对学校有一种归属感和集体荣誉感，大家在各司其职的过程中又能相互协作互助。建立学校组织文化的方式有两种：一是有组织、有意识地提倡某种组织文化，如召开教职工大会明确组织文化；

① Edgar H. Schein. *Organizational Culture and Leadership* ［M］. San Francisco：Jossy – Bass Inc，1992：12 – 14.

二是在实践活动中潜移默化地灌输组织文化。

#### 4.7.3.4 体育教师自觉的权力意识

基层体育教师的综合素质是保障他们参与课程发展的内在因素，其中，自觉的课程权力意识又是体育教师参与课程发展的主要影响因素。很长一段时间内我国基层教师的任务就是依据全国统一的教学大纲来执行教学计划，使用统编的教材，以讲授教材内容的形式进行体育课的教学，教师基本没有任何课程权力可言，只是课程的被动执行者。几次课程改革的推进在某些方面改善了这种局面，但并未从根本上解决这个问题。想要取得课程改革的成功，必须让基层教师真正参与其中，赋予教师更多的课程权力，使之不再成为课程的顺从者、依附者，而是成为主动参与者，同时更要从加强教师综合素质方面给予重视，特别是培养教师树立正确、全面的教育、教学理念。

首先，体育教师应形成自己的教育哲学观、体育哲学观和课程哲学观。其中教师对教育和体育的理性看法反映在教育哲学观和体育哲学观上，具有鲜明的个性色彩，展现了教师在实际教育教学实践过程中的独立自主和自由尊严以及个体的价值观。而课程哲学观则反映了体育教师对体育课程本身及其发展的理性思考，斯坦豪斯就曾提出，课程是帮助教师在课堂上重建他们的知识观，即他们与学生之间的教育关系的资源。① 教师不断反思的源泉来自课程，教师的自我反思使他们从课程的禁锢中走出来，从而以主体的身份参与到课程中。每一个时期的课程理论和实践过程都包含着社会发展、青少年教育、体育价值等问题，教师的教育哲学观、体育哲学观以及课程哲学观实际上就是他们对这些问题的自我认定。体育教师必须实现体育教育观念的转变才能适应体育与健康课程的要求，这包括体育教师由体育课程执行者向课程决策者的转变；由教学权威意识向教学平等参与者意识的转变；由学科的个体化向学科合作化转变；由单向性教学向双向性教学的转变等。

其次，中小学体育教师应做到课程观念的革新。观念是隐含于个体身上对某一事物的基本假定和看法，它会指导人们自觉不自觉地依据该假定和看法判断事

① 约翰·埃里奥特，王红宇．教师在课程发展中的作用——一个英国课程改革尚未解决的问题［J］．外国中小学教育，1993（4）．

物。教师的课程观念是其对课程发展和改革的基本看法，它会指导教师对课程发展的参与以及日常教学工作。因此，对当前课程发展理念有深刻认识，充分理解新课程改革内容以及课程标准，形成创新性的课程观念，对基层体育教师积极参与课程改革具有关键的引导作用。

最后，体育教师应形成正确的教学观、课程观、教师观以及学生观。其中教学观表现为教学是教师的教与学生的学相统一的过程，没有师生间的交往互动就不存在教学，甚至可以说根本没发生教学活动。这一过程反映了师生间的交往、交流与沟通、互动在形式上的统一，那些只有传统的教学形式而没有本质交往、互动的教学是“假教学”。因此，教学过程在新课程理念下被看作师生交往、共同发展的过程，在这个过程中需要师生双方相互交流、相互沟通、相互启发和相互补充，强调教学过程中教师与学生分享彼此的思考、情感与体验、经验和知识，从而达到丰富教学内容、达成教学共识、分享与共进，实现教学相长师生共同发展。传统意义上的教学将让位于师生互教互学，彼此形成“学习共同体”，在这个共同体中形成新的教学术语：教师式学生和学生式教师。因此，创设基于师生交往互动、互惠教学关系，是教学改革的重要内容。课程观总体来看是对课程的各种看法和认识的总称，包括课程的概念、课程编制、课程开发、课程实施以及课程评价等方面的内容。课程在大多数情况下被视为既定的、预成的，往往被看作预定的教学计划和预定学科知识内容以及预期的学习结果的综合，通常以知识为本位，注重系统的、公共知识的学习以及书本知识或间接经验的获得，表现为课程内容和课程活动的固定性和封闭性。而活动课程和经验课程的课程观则认为课程是学习者从学习活动中获得一切学习经验或体验。以杜威为代表的课程研究专家将课程视为动词，提出课程以学习者的经验为本位，注重活生生的直接经验或体验的获取以及个人知识和实践知识的学习，课程内容和课程活动表现为运动性、开放性、生成性和不可预期性。教师观则表现为教师是具有主体意识和自主能力的专业个体，不再是形式上的教书匠以及传统意义上的课程传输工具。学生观表现为学生是具有创造性和探究性的发展个体，是有个体价值判断和主体精神的生命个体，不再是既有知识的接收器。

# 5 结论与建议

## 5.1 结论

赋权予基层体育教师是教育发展和课程改革的必然趋势，中小学体育教师获得一定的课程权力并合理运用是体育与健康课程改革顺利进行并取得成效的前提保障。

中华人民共和国成立以来，中小学体育教师的课程权力是伴随着我国基础教育改革和《体育与健康课程标准》（教学大纲）的修订而发展起来的。

从中央集权到地方分权再到国家、地方和学校三级课程管理模式的历史发展表明，自上而下的赋权模式不利于课程改革的推进，自下而上“增能要权”的权力共有模式成为体育教师课程权力的发展必然。

当前时期中小学体育教师在课程权力认知以及课程实施权力方面表现良好，而在课程决策参与、课程开发以及课程评价等方面的权力不尽如人意。

体育教师课程权力的争取和实现与课程的发展、教师的职业认同以及学生的全面健康发展息息相关。

国家、地方课程权力的有效下放，权力制衡下的制度保障，提升以专业能力为基础的体育教师的课程能力，体育教师课程自主意识的提升，都是解决当前中小学体育教师课程权力缺失与不足以及课程权力失衡与放弃等问题的实际路径。

## 5.2 建议

教师的课程权力研究是一个复杂而敏感的领域，包括本研究在内的相关研究为后续研究进一步分析和探讨体育教师课程权力的问题奠定了一定的基础，但是还存在一些问题需要深入探讨和研究。

首先，教师课程权力的探讨和研究大多集中在权力分配模式方面，关注的是集权、分权以及权力共有，而很少关注权力细分的问题。需要注意的是，在国家、地方和学校三级课程管理体制下的课程实施过程中，行政主管部门、教育分管部门以及地方、学校、教师和学生所拥有的课程权力具有性质和种类上的差异，这就需要各行其权，是谁的权力就该由谁去行使，忽略了这一点，任何课程改革的结果都将是没有成效的。在因课程权力实施的条件差异而造成的课程权力实施的不同方面仍然缺乏具有说服力的研究。

其次，教师在赋权过程中极易受到升学考试制度、人才选拔制度以及科层级人事制度的制约和影响，势必会导致教师课程权力的下放不彻底、不协调而流于形式，最终引起课程权力的回流和再集中。如何通过研究发现问题，避免课程权力分权过程中的赋权不彻底以及虚假赋权等现象，也是亟待解决的问题。

最后，现有教师课程权力的研究越来越关注教师课程权力与学生学习效果以及学生全面发展之间的关系，这是以往研究很少关注的问题。“赋权予教师”的根本目的是开展好课程研究，最终促进学生的全面发展，因此对于这一问题的探讨和研究应该投入更多的精力。

需要说明的是，本研究之初，选取北京市、上海市、济南市和青岛市等部分中小学校进行大面积开放式访谈及深度访谈工作，在此基础之上落脚于地方中小学校基层体育教师的问卷访谈及调研，这在某种程度上造成了研究的代表性不够普遍，不能完全反映当前我国基层体育教师课程权力的全部问题，这是本领域后续研究应该予以加强的。

# 附 录

## 附录1 体育教师课程权力调查问卷（教师用）

尊敬的老师：

您好！

我是一名学校体育学专业的博士研究生，正在进行《体育教师课程权力研究》的课题撰写。《国务院关于基础教育课程改革与发展的决定》明确指出我国实行国家、地方和学校三级课程管理体制，这意味着基层教师被赋予了更多的课程权力。随着体育与健康课程改革的深入，基层体育教师参与课程改革成为现实，为了解现阶段我国中小学体育教师的课程权力现状，特设计此问卷。

在此，恳请您根据自身课程参与和教学改革的经验，真实地填写本问卷，感谢您的支持与帮助。对于您的作答，我们将根据《中华人民共和国统计法》第三章第二十五条之规定予以保密，结果仅用作科学研究的统计分析，请您消除顾虑，真实填写，再次感谢您的参与，祝您工作顺利，身体健康！

【基本情况】

1. 性别：A. 男　B. 女

2. 年龄：　　　　　教龄：

3. 教育程度：A. 专科及以下　B. 本科　C. 硕士及以上

4. 职称：A. 小（中）教三级　B. 小（中）教二级　C. 小（中）教一级　D. 高级　E. 特级

填写说明：请您根据自己的实际情况，在每个题项后对应的数字上打“√”。

1 = 完全不符合；2 = 有点符合；3 = 说不清楚；4 = 基本符合；5 = 完全符合

| | 完全不符合 | 有点符合 | 说不清楚 | 基本符合 | 完全符合 |
|---|---|---|---|---|---|
| 1. 我理解教师课程权力指的是什么 ………… | 1 | 2 | 3 | 4 | 5 |
| 2. 我清楚教师参与课程决策的权力 ………… | 1 | 2 | 3 | 4 | 5 |
| 3. 我参加过学校上一级的课程决策会议并献言 ………… | 1 | 2 | 3 | 4 | 5 |
| 4. 我参加过学校课程事务会议并献言 ………… | 1 | 2 | 3 | 4 | 5 |
| 5. 我对自己拥有的课程权力感到满意 ………… | 1 | 2 | 3 | 4 | 5 |
| 6. 我能自行选择课程教学内容 ………… | 1 | 2 | 3 | 4 | 5 |
| 7. 我能参与学校体育教学目标及教学计划的制订 ………… | 1 | 2 | 3 | 4 | 5 |
| 8. 我可以对学生体育课学习过程进行评价 ………… | 1 | 2 | 3 | 4 | 5 |
| 9. 我能自行选择体育课教学的方法 ………… | 1 | 2 | 3 | 4 | 5 |
| 10. 我具有课程实施的权力 ………… | 1 | 2 | 3 | 4 | 5 |
| 11. 我清楚学校校本课程的开发规定 ………… | 1 | 2 | 3 | 4 | 5 |
| 12. 我有校本课程开发的权力 ………… | 1 | 2 | 3 | 4 | 5 |
| 13. 我可以对课程实施的顺序、难易程度等进行评价 ………… | 1 | 2 | 3 | 4 | 5 |
| 14. 学校有足够的人力、物力、财力进行校本课程开发 ………… | 1 | 2 | 3 | 4 | 5 |
| 15. 我有能力进行校本课程开发 ………… | 1 | 2 | 3 | 4 | 5 |
| 16. 我有时间和精力进行校本课程开发 ………… | 1 | 2 | 3 | 4 | 5 |
| 17. 学校有相关机制监督教师课程权力的运用 ………… | 1 | 2 | 3 | 4 | 5 |
| 18. 学校鼓励教师进行课程开发 ………… | 1 | 2 | 3 | 4 | 5 |
| 19. 我有课程评价的权力 ………… | 1 | 2 | 3 | 4 | 5 |
| 20. 我能对自己的课程教学进行评价 ………… | 1 | 2 | 3 | 4 | 5 |

| | 完全不符合 | 有点符合 | 说不清楚 | 基本符合 | 完全符合 |
|---|---|---|---|---|---|
| 21. 我能对其他教师的课程实施进行评价…… | 1 | 2 | 3 | 4 | 5 |
| 22. 学校有专门对教师课程评价的制度…… | 1 | 2 | 3 | 4 | 5 |
| 23. 我可以按需使用教学的场地和器材等…… | 1 | 2 | 3 | 4 | 5 |
| 24. 学校师资能满足课程实施的需要…… | 1 | 2 | 3 | 4 | 5 |
| 25. 我可以参与学校体育课程目标的制定…… | 1 | 2 | 3 | 4 | 5 |
| 26. 学校周边有丰富的课程资源…… | 1 | 2 | 3 | 4 | 5 |
| 27. 我清楚教师具有哪些课程权力…… | 1 | 2 | 3 | 4 | 5 |
| 28. 赋予我充分的课程权力会促进我的课程实施…… | 1 | 2 | 3 | 4 | 5 |
| 29. 我可以决定课程实施的时间和空间…… | 1 | 2 | 3 | 4 | 5 |
| 30. 在教学过程中鼓励学生用脑思考…… | 1 | 2 | 3 | 4 | 5 |
| 31. 我可以决定自己课程实施的进度…… | 1 | 2 | 3 | 4 | 5 |
| 32. 充分的课程权力可以提高我的教学质量…… | 1 | 2 | 3 | 4 | 5 |
| 33. 课程权力的获得能促进教师的专业发展…… | 1 | 2 | 3 | 4 | 5 |
| 34. 教师课程权力能促进学生的全面发展…… | 1 | 2 | 3 | 4 | 5 |
| 35. 我可以根据学生的需要选择教学内容…… | 1 | 2 | 3 | 4 | 5 |
| 36. 教师课程权力的获得有利于我理解新课程改革…… | 1 | 2 | 3 | 4 | 5 |
| 37. 我理解新课程改革的目标和内容…… | 1 | 2 | 3 | 4 | 5 |
| 38. 学校定期组织关于新课程标准的学习…… | 1 | 2 | 3 | 4 | 5 |
| 39. 在教学过程中尝试创新的教学方法…… | 1 | 2 | 3 | 4 | 5 |

**问卷作答到此结束，谢谢！**

# 附录 2　体育教师课程权力访谈提纲（教师用）

**（一）体育教师对课程权力的认知**

1. 您是否了解体育教师课程权力的内涵和具体内容？
2. 您认为体育教师应该拥有哪些课程方面的权力？
3. 在新课标颁布并实施后，哪项课程权力与体育课程教学最为密切？
4. 您认为体育教师赋予课程权力的方式是怎样的，外赋还是内生？
5. 您认为当前体育教师课程权力的发展现状怎样？存在哪些问题？
6. 当前体育教师课程权力出现问题的原因何在？

**（二）体育教师的课程决策权力**

1. 您认为当前体育教师参与课程决策的情况如何？
2. 体育教师是否应该参与到学校、地方乃至于国家的课程决策过程？
3. 影响基层体育教师参与课程决策的因素有哪些？
4. 如果有可能您会积极参与到课程决策的过程吗？
5. 体育教师参与课程决策是否有必要？

**（三）体育教师课程开发权力**

1. 您现在是否经常参加地方、学校的相关课程开发活动？
2. 您所在单位的体育校本课程开发的现状如何？
3. 您是否有能力参与体育校本课程的开发？
4. 您觉得要充分开发校本课程资源，体育教师自身该具备哪些能力？
5. 如果赋予您充分的体育课程开发权力，是否有利于校本课程的开发？

**（四）体育教师课程实施权力**

1. 您认为当前体育教师是否拥有课程实施方面的具体权力？
2. 您在进行体育课程教学时是否依据学校、地方等相应大纲或相关标准？
3. 新课标的相关要求是否在您的教学过程中得以表现？

4. 新课标与实际教学结合过程中存在哪些方面的障碍？

**（五）体育教师课程评价权力**

1. 您认为赋予体育教师一定的课程评价权力是否有利于体育课程的发展？
2. 您经常参与体育课程评价的工作吗？
3. 体育课程评价权力对课程、教师和学生的影响是什么？

**（六）体育教师课程权力的价值所在**

1. 您认为赋予基层体育教师一定的课程权力是否有利于体育课程的开展？
2. 赋予体育教师一定的课程权力对教师和学生的发展有哪些影响？
3. 如果赋予你一定的体育课程权力你会在哪些方面加以运用？

**（七）体育教师课程创生权力**

1. 您是否理解体育教师课程创生的意思？
2. 体育教师课程创生权力是否重要？具体表现在哪些方面？
3. 您会在日常工作中注意体育课程的创生吗？
4. 您认为赋予体育教师一定的课程创生权力是否会影响体育课程的发展？

**（八）学校内部环境对体育教师课程权力的影响**

1. 您所在的单位是否重视体育教师的课程权力？
2. 您所在的单位是否有专门的课程、教学等方面的负责机构和组织？
3. 您所在的单位课程事务制度是否能促进体育教师课程权力的赋予和施行？
4. 您所在的单位相关领导是否重视体育教师的课程权力？
5. 您认为本单位影响体育教师课程权力的因素有哪些？

**（九）体育教师课程权力与教师自我效能感**

1. 赋予体育教师相应的课程权力是否能增强其职业认同感？
2. 赋予体育教师相应的课程权力是否有利于其自身发展？
3. 赋予体育教师相应的课程权力是否能促进其专业发展？

# 附录3　体育教师课程权力访谈提纲（校长用）

1. 您是否了解教师的课程权力？
2. 您怎样看待当前体育教师的课程权力？
3. 您认为是否该赋予体育教师适当的课程权力？利弊何在？
4. 您觉得当前体育教师课程权力运行的问题在哪里？
5. 您本人是否致力于为体育教师争取课程权力？
6. 贵单位体育教师课程权力的现状如何？
7. 贵单位在保障体育教师行使课程权力方面的成果及不足有哪些？
8. 从贵单位现实出发，在保障体育教师课程权力方面还应该做出哪些改进？
9. 您怎样看待体育教师课程权力和体育与健康课程改革间的关系？

# 附录 4 体育教师课程权力访谈提纲（专家用）

1. 您认为当前体育与健康课程改革主要存在哪些问题？
2. 基层体育教师的课程权力获得和运用是否与课改结果存在关系？
3. 目前基层体育教师在课程权力赋予和施行方面存在哪些问题？
4. 基层体育教师是否该被赋予更多的课程权力？
5. 该如何保障体育教师课程权力的运行？

# 参考文献

[1] 菲利浦·泰勒，科林·理查兹. 课程研究导论［M］. 王伟廉，高佩，译. 北京：春秋出版社，1989.

[2] 施良方. 课程理论——课程的基础、原理与问题［M］. 北京：教育科学出版社，1996.

[3] 杨龙立. 学校为本课程——设计与探讨［M］. 台北：台湾五南图书出版公司，2001.

[4] 张细谦. 体育课程与教学论［M］. 广州：广东高等教育出版社，2013.

[5] 季浏. 走进课堂——体育与健康新课程案例与评析［M］. 北京：高等教育出版社，2003.

[6] 周西宽. 体育基本理论教程［M］. 北京：人民体育出版社，2004.

[7] 杨文轩，陈琦. 体育原理［M］. 北京：高等教育出版社，2004.

[8] 毛振明. 学校体育发展史［M］. 桂林：广西师范大学出版社，2005.

[9] 教育部体育卫生与艺术教育司. 中国学校体育 30 年［M］. 北京：高等教育出版社，2010.

[10] 张嘉育. 学校本位课程发展［M］. 台北：台湾师大书苑有限公司，1999.

[11] 吴刚平. 校本课程开发［M］. 成都：四川教育出版社，2002.

[12] 徐玉珍. 校本课程开发的理论与案例［M］. 北京：人民教育出版社，2003.

[13] 杨贵仁. 大学校长谈体育［M］. 北京：高等教育出版社，2001.

[14] 陈桂生. 教育原理［M］. 上海：华东师范大学出版社，1993.

[15] 郑金洲. 教育通论［M］. 上海：华东师范大学出版社，2000.

[16] 郑金洲. 教育文化学［M］. 北京：人民教育出版社，2000.

[17] 吴康宁. 教育社会学［M］. 北京：人民教育出版社，1998.

［18］陆有铨．现代西方教育哲学［M］．郑州：河南教育出版社，1993.

［19］吕达．课程史论［M］．北京：人民教育出版社，1999.

［20］单丁．课程流派研究［M］．济南：山东教育出版社，1998.

［21］钟启泉．国外课程改革透视［M］．西安：陕西人民教育出版社，1993.

［22］丹尼斯·朗．［M］．权力论．陆震纶，郑明哲，译．北京：中国社会科学出版社，2001.

［23］福柯．规训与惩罚（英译本）［M］．纽约：Vintage Books 公司，1975.

［24］福柯．疯癫与文明［M］．刘兆成，杨远婴，译．北京：生活．读书．新知三联书店，1999.

［25］亚里士多德．政治学［M］．颜一，秦典华，译．北京：中国人民大学出版社，2003.

［26］卢梭．社会契约论［M］．李平沤，译．北京：商务印书馆，2011.

［27］皮亚杰．结构主义［M］．倪连生，王琳，译．北京：商务印书馆，1984.

［28］D. John McIntyre & Mary John O'Hair. 教师角色［M］．丁怡，马玲，等，译．北京：中国轻工业出版社，2002.

［29］莫伟民．权力拯救灵魂？——福柯牧领权力思想探析［J］：复旦学报（社会科学版），2011（5）．

［30］刘郦．从权力/知识观点看当代西方哲学的一种知识观［J］．河南社会科学，1998（4）．

［31］吴艳玲．教师课程权力探源［J］．四川教育学院学报，2008（6）．

［32］李海英．课程权力：协商课程的一种追求［J］．全球教育展望，2005（9）．

［33］胡东芳．谁来决定我们的课程？——主要国家课程权力分配比较研究［J］．外国教育研究，2005（3）．

［34］李斯颖．学校场域中的教师权利［D］．长沙：湖南师范大学，2007.

［35］马和民．新编教育社会学［M］．上海：华东师范大学出版社，2002.

［36］王丽．课程权力：体育教师专业性之回归［J］．当代体育科技，2013，3（26）．

［37］刘进．课程权力的实践逻辑及其理性回归［J］．当代教育科学．2012（7）．

［38］王娇娇．论教师课程权力的赋予对教师发展的影响［J］．中小学教师培训．2008（6）．

［39］周正．教师课程权力研究的回顾与反思［J］．教师教育研究．2008（5）．

［40］林德全，冯东俊．教师课程权力虚置的成因与对策［J］．天中学刊．2007（4）．

［41］任娟，袁顶国．教师课程权力实现的现实困境与保障机制研究［J］．基础教育，2010（9）．

［42］卢少华，徐万珉．权力社会学［M］．哈尔滨：黑龙江人民出版社，1989.

［43］Michel Foucault. *The History of Sexuality*, *Volume I*: *An Introduction*［M］. New York: Vintage Books, 1980.

［44］Michel Foucault. *Power/Knowledge*: *Selected Interviews and Other Writings*［M］. New York: Pantheon Books, 1980.

［45］李水林．认识权力：社会科学的一个基本概念［J］．理论月刊，2002（12）．

［46］马克斯·韦伯．经济与社会（上卷）［M］．林荣远，译．北京：商务印书馆，1997.

［47］托马斯．戴伊．谁掌管美国——里根时代［M］．张维，吴继淦，刘觉俦，译．世界知识出版社，1985.

［48］宋林飞．西方社会学理论［M］．南京：南京大学出版社，1997.

［49］P. Taylor Webb. *Teacher power*: *the exercise of professional autonomy in an era of strict accountability*［J］. Teacher Development, vol 6, no. 1, 2002.

［50］Patricia Kearney & Timothy G. Plax. *Power in the classroom III*: *Teacher communication techniques and messages*［J］. Communication Education, Vol 34, No. 1, 1985.

［51］R. M. Hutchins. *The Learning Society*［M］. New York: Praeger Publishers Inc, 1968.

［52］罗伯特·A. 达尔．现代政治分析［M］．王沪宁，陈峰，译．上海：上海译文出版社，1987.

［53］蒋建华．知识、权力、课程——政策视野中的课程研究［M］．北京：教育科学出版社，2010.

［54］赵虹元．基础教育教师课程权力研究［D］．重庆：西南大学，2008.

［55］党玮玺．建国以来我国体育课程决策权力变化研究［D］．兰州：西北师范大学，2007.

［56］何东昌．中华人民共和国重要教育文献（1949—1975）［M］．海口：海南出版社，1998.

［57］马云鹏．基础教育课程发展政策的反思［J］．中国教育政策评论，2001（6）．

［58］伍绍祖．中华人民共和国体育史（1949—1998）综合卷［M］．北京：中国书籍出版社，1999.

［59］课程教材研究所．20 世纪中国中小学课程标准·教学大纲汇编：体育卷［M］．北京：人民教育出版社，2001.

［60］周登嵩．学校体育学［M］．北京：人民体育出版社，2004.

［61］陈玉琨，沈玉顺，代蕊华，等．课程改革与课程评价［M］．北京：教育科学出版社，2001.

［62］刘英杰．中国教育大事典 1949—1990（上）［M］．杭州：浙江教育出版社，1993.

［63］李晋裕，滕子敬，李永亮．学校体育史［M］．海口：海南出版社，2000.

［64］操太圣，卢乃桂．教师赋权增能：内涵、意义与策略［J］．课程．教材．教法，2006（10）．

［65］李小红．教师课程创生的缘起、涵义与价值［J］．教师教育研究，2005（4）．

［66］刘永林．论中小学教师的课程权力与制度保障［J］．课程、教材、教法，2005（6）．

［67］孙冠鹏．普通高中教师课程权力研究［D］．济南：山东师范大学，2011.

［68］教育部．体育与健康课程标准［S］．2011.

［69］联合国科教文组织国际教育发展委员会．学会生存——教育世界的今天和明天［M］．华东师范大学比较教育研究所，译．北京：教育科学出版社，1996.

［70］Zeichiner M. *Contradictions and tensions in the professionalization of teaching and the democratization of schools*［J］. Teacher college Record，1990.

［71］Grand. *A new Educational Paradigm for the New Mi* Ⅱ *– ennium*：*Consciousness – based Education*［J］. Futures. 1998，30（7）.

［72］卢乃桂，操太圣．论教师的内在改变与外在支持［J］．教育研究，2002（12）．

［73］Doyle，W，& Ponder，G. *The Practicality Ethic in Teacher Decision——making*［J］. Interchange，1977/78，8（3）.

［74］张昭仁．教师权能——从心理权能理论谈起［J］．学校行政，2001（11）．

［75］Lightfoot，S. L. *On Goodness of School*：*Themes of Empowerment*［J］. Peabody Journal of Education，1986，63（3）.

［76］教育部．基础教育课程改革纲要（试行）［S］．2001. 6.

［77］江山野．简明国际教育百科全书：课程［M］．北京：科学教育出版社，1991.

［78］弗雷斯特・W. 帕克，格伦．哈斯．课程规划——当代之取向（第七版）［M］．谢登斌，俞红珍，等，译．杭州：浙江教育出版社，2004.

［79］约翰・D. 麦克尼尔．课程导论［M］．施良方，唐晓杰，罗明东，等，译．沈阳：辽宁教育出版社：1990.

［80］郝德永．课程研制方法论［M］．北京：教育科学出版社，2000.

［81］Maeroff. G. *The Empowerment of Teachers*：*Overcoming the Crisis of Confidence*［M］. New York：Teachers College Press，1988.

［82］Edgar H. Schein. *Organizational Culture and Leadership*［M］. San Francisco：Jossy – Bass Inc，1992.

［83］贺绍栋．小学教师课程权力行使困境及对策研究［D］．南京：南京师范大学，2012.

［84］张晓冬．高等学校内部权力制约机制研究［D］．武汉：华中科技大学，2015.

［85］陈艳．教师课程实施权力研究［D］．保定：河北大学，2013.

［86］杨明全．论教师参与课程变革［D］．上海：华东师范大学，2003.

［87］李志超．三级课程管理的权力运作研究［D］．重庆：西南大学，2013.

［88］蒋建华．权力多极化的课程权力定位——超越中央与地方的思维框架［J］．教育学报，2005（4）．

［89］胡东芳．课程政策研究——对“课程共有”的理论探索［D］．上海：华东师范大学，2001.

［90］王桂林．基础教育课程政策取向研究［D］．重庆：西南师范大学，2004.

［91］王宝玺．地方课程政策研究［D］．重庆：西南师范大学，2003.

［92］黄忠敬．我国基础教育课程政策：历史、特点与趋势［J］．课程．教材．教法，2003（1）．

［93］李学书．教师：课程改革不可忽视的力量［J］．基础教育，2011（6）．

［94］田波琼．幼儿园课程权力运作研究［D］．重庆：西南大学，2014.

［95］李学书．教师课程权力的本质、特征及其来源［J］．全球教育展望．2010（10）．

［96］周正，温恒福．教师课程权力的相关研究回顾与思考［J］．当代教师教育，2008（3）．

［97］刘田．我国中小学教师课程权力问题研究［J］．内蒙古师范大学学报（教育科学版），2007（10）．

［98］贺建平．检视西方媒介权力研究——兼论布尔迪厄权力论［J］．西南政法大学学报，2002（6）．

［99］马克思，恩格斯．马克思恩格斯全集［M］．北京：人民出版社，1965.

［100］王华倬．论我国近现代中小学体育课程的发展演变及其历史经验［D］．北京：北京体育大学，2003.

［101］胡东芳．新中国课程政策的历史回顾与理论思考［J］．清华大学教育研究，2002（8）．

［102］李学书，秦杰．教师课程权力的价值考问［J］．教育理论与实践，2013（10）．

［103］罗生全，靳玉乐．社会力量：课程变革的第三领域——一种基于课程权力的有效参与［J］．中国教育学刊，2007（1）．

［104］何齐宗．全球视野的教师理念——联合国科教文组织教育文献研究之一［J］．高等教育研究，2008（1）．

［105］韩靖．论中小学教师的课程权力［D］．上海：上海师范大学，2006.

［106］王淑英．学校体育课程体系研究［D］．石家庄：河北师范大学，2012.

［107］姚蕾．体育隐蔽课程论——体育隐蔽课程体系的理论构建［D］．北京：北京体育大学，2000.

［108］季浏，汪晓赞，汤利军．我国新一轮基础教育体育课程改革10年回顾［J］．上海体育学院学报，2011（3）．

［109］李忠堂，阎智力．我国基础教育体育课程改革60年回顾［J］．体育学刊，2010（12）．

［110］马卫平．体育与人——一种体育哲学［M］．长沙：湖南师范大学出版社，2010.

［111］常爱铎．新课程改革背景下中小学体育教师课程观研究［D］．福州：福建师范大学，2013.

［112］盛晓明．中国、英国中学体育课程改革与发展的比较研究［D］．北京：北京体育大学，2004.

［113］陆作生，赵权忠．我国体育课程改革的发展趋势［J］．西安体育学院学报，2004（10）．

［114］刘旻航．我国现代体育课程改革的文化审视［D］．南京：南京师范大学，2008.

［115］张学忠，杨旭东，等．学校体育课程论［M］．北京：中国科学技术出版社，2013.

［116］丹尼尔·坦纳，劳雷尔·坦纳．学校课程史［M］．崔允漷，等，译．北京：教育科学出版社，2006.

［117］杨九俊．中国基础教育课程改革推进研究［M］．南京：江苏教育出版社，2012.

［118］刘昕．现代国外教学思想与我国体育教学［M］．北京：教育科学出版社，2011.

［119］教育部．国家中长期教育改革和发展规划纲要（2010—2020）［M］．人民出版社，2010.

［120］教育部．义务教育体育与健康课程标准（2011年版）［M］．北京：北京师范大学出版社，2012.

［121］冯红静．对美国学校体育教学的研究［D］．北京：北京体育大学，2012.

［122］王健，胡庆山．体育教师参与体育课程实施的影响因素及对策［J］．上海体育学院学报，2007（11）．

［123］梁建平，龙家勇，常金栋，等．我国中、小学体育教师职业人格结构研究［J］．体育科学，2010（12）．

［124］包莺，刘海元．我国体育教师队伍现状及加强建设对策［J］．体育学刊，2009（5）．

[125] 蒋晓丽．体育教师专业化与体育教师教育专业化研究 [J]．体育科技，2006 (2)．

[126] 杨烨，张晓玲．我国中小学体育教师专业能力标准的制定 [J]．上海体育学院学报，2009 (5)．

[127] 陈君，董佳佳．日本体育教师教育改革的新进展及其启示 [J]．首都体育学院学报，2011 (2)．

[128] 赵进．“标准本位”的体育教师教育构建的研究 [J]．体育学刊，2010 (11)．

[129] 潘凌云，王健．构建教师专业共同体促进体育教师专业发展 [J]．武汉体育学院学报，2009 (5)．

[130] 尹志华，毛丽红，汪晓赞，等．对话、规训与权力：一个分析体育教师专业发展的三维框架 [J]．北京体育大学学报，2013 (2)．

[131] 黄爱峰，吴昊，顾渊彦．新课改下的体育教师教育问题透视 [J]．北京体育大学学报，2005 (2)．

[132] 潘凌云，樊莲香，王健．体育教师专业发展的生态转向：理论阐释与路径选择[J]．武汉体育学院学报，2012 (8)．

[133] 孙有平，张磊．中学体育教师专业化发展研究 [J]．体育文化导刊，2008 (7)．

[134] 尹志华，毛丽红，孙铭珠，等．20 世纪晚期社会学视域下体育教师研究的热点综述与启示 [J]．北京体育大学学报，2014 (5)．